Michael Mühlbauer / Bernadette Zistler
Materialien & Kopiervorlagen zu

Carolin Philipps

Martin unter Druck

Hase und Igel®

Inhalt

www.hase-und-igel.de
Illustrationen: Karla Hendel (Fotos) und Gabriele Ramsmeier
Druck: Kösel GmbH & Co. KG, Altusried-Krugzell

ISBN 978-3-86760-328-7
2. Auflage 2009

Das Buch

Carolin Philipps' spannender Roman eignet sich aufgrund seiner Nähe zur Erfahrungswelt der Schüler hervorragend als Klassenlektüre in der Sekundarstufe I, vor allem für die Klassenstufen 6 bis 8.

Der 13-jährige Martin, ein vielversprechendes Fußballtalent, steht kurz vor dem Sprung in die Auswahlmannschaft „U 15“. Aber eine Unterrichtsbefreiung für wichtige Spiele gibt es nur, wenn die schulischen Leistungen stimmen – und die sind bei Martin zurzeit alles andere als gut …

Martins Situation spitzt sich dramatisch zu, als er heimlich an die Tasche des Klassenlehrers geht, um die Aufgaben für die nächste Mathearbeit einzusehen. Ausgerechnet Mandy, die Anführerin einer Mädchenbande, erwischt ihn dabei und droht ihn zu verraten. Soll Martin auf Mandys erpresserische Forderungen, die immer dreister werden, eingehen? Oder soll er die Wahrheit sagen – was neben seiner Versetzung auch seine Fußballkarriere gefährden würde? Während die Erwartungen seiner Eltern und seines Trainers immer stärker auf ihm lasten, lebt Martin in ständiger Angst, entlarvt zu werden. Nachts plagen ihn Alpträume und auch beim Fußball kann er sich nicht mehr konzentrieren. Selbst seinem Freund Jan möchte Martin sich nicht anvertrauen.

Erst als das tragische Ende eines anderen Erpressungsopfers in der Klasse thematisiert wird, begreift Martin, dass Mandys Forderungen niemals aufhören werden. Es gibt nur eine einzige Möglichkeit, sich aus dem Druck zu befreien: Er muss allen die schmerzhafte Wahrheit sagen – seinem Lehrer, seinen Eltern und seinem Trainer.

„Martin unter Druck“ skizziert auf den ersten Blick vor allem die Geschichte einer Erpressung und stellt dabei mit dem Fußballtalent Martin einen Jugendlichen ins Zentrum, der sich in einer Ausnahmesituation befindet. Dennoch konzentrieren sich in dieser Figur viele Alltagsprobleme, mit denen sich zahlreiche Schülerinnen und Schüler konfrontiert sehen. So ist beispielsweise jeder Schüler verschiedenen, teilweise widersprüchlichen Erwartungen seines sozialen Umfelds (Eltern, Lehrer, Mitschüler, Freunde etc.) ausgesetzt. Martins Sonderstellung als Nachwuchstalent und die Erpressungssituation, in die er gerät, lassen diese Problematik besonders deutlich hervortreten.

Darüber hinaus ermöglicht die Lektüre u. a. ein Aufgreifen und Vertiefen folgender Themenkomplexe: Jugendbanden/Außenseiter, soziale Milieus, Gefühle und ihr (körperlicher) Ausdruck, Freundschaften, Schul- und Prüfungsangst.

Das Material

Das vorliegende Material, das von den Verfassern in einer siebten und einer achten Klasse erprobt wurde, legt den Schwerpunkt auf praxisorientierte und unmittelbar umsetzbare Unterrichtsideen. Als roter Faden dient eine vollständige Unterrichtssequenz von elf Stunden mit Tafelbildern bzw. Folienvorlagen und kurzen Beschreibungen der jeweiligen Stundenabläufe. Die Stunden können in dieser Abfolge, aber auch einzeln und unabhängig voneinander gehalten werden. Natürlich können die Schaubilder auch als Basis eigener Stundenkonzepte dienen. Sie werden immer wieder durch kreative Arbeitsaufträge und Kopiervorlagen (KV) ergänzt.

Zur besseren Übersicht ist das Material in Lektüreabschnitte von drei bis vier Kapiteln unterteilt. Bei den einzelnen Unterrichtseinheiten finden sich Angaben über den jeweils erforderlichen Lektürestand der Schüler, wobei es – abgesehen von einer Ausnahme (vgl. Stunde 11) – unproblematisch ist, wenn die Schüler bereits mehr von der Lektüre gelesen haben.

Jede Sequenz beginnt mit einer Inhaltszusammenfassung. Die Rubrik Stundenskizze enthält eine übersichtliche Auflistung konkreter Unterrichtsschritte mit Verweisen auf das jeweils einzusetzende Material. Leitfragen (LF) sollen die Unterrichtsgestaltung zusätzlich erleichtern. Das Heft-Symbol verweist im Sinne eines integrativen Deutschunterrichts auf mögliche Anknüpfungen an den Aufsatzunterricht.

Auf diese Hinweise für den Lehrer folgen unmittelbar an die Schüler adressierte Arbeitsaufträge:

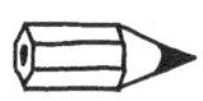

schreiben

sprechen

Rollenspiel und Pantomime

Anschließend finden sich die Tafelbilder, die sich ebenso als Folien- oder Kopiervorlagen einsetzen lassen. Für den Lehrer liegen sie verkleinert auch in ausgefüllter Form vor.

Viel Spaß und Erfolg mit Lektüre und Material wünschen
Bernadette Zistler & Michael Mühlbauer

Stunde 1: Vor- und Nachteile einer Profikarriere

Vor Beginn der Lektüre kann die folgende Stunde einen ersten Zugang zum Thema „Profisport“ bieten.

Erfahrungsgemäß kommen die Schüler sehr schnell auf die Vorteile einer Profikarriere. Um sie für die Kehrseite zu sensibilisieren, sind die Interviewfragen (s. KV S. 6) so formuliert, dass auch die Nachteile einer Profikarriere zur Sprache kommen. Sollten diese aus dem Rollenspiel noch nicht deutlich genug hervorgehen, kann der Zeitungsartikel einen zusätzlichen Impuls bieten.

Stundenskizze

- Einstimmung mittels Abbildung eines Fußballstars (z. B. aus der Montagszeitung) und ggf. Einspielung passender Geräusche (Torjubel, Ausschnitt aus einer Fußball-Liveübertragung)
  LF: *Worum beneidet ihr den Fußballstar auf diesem Foto?*
- Sammeln der Vorteile einer Profikarriere (s. Tafelbild „Eine Karriere als Profisportler“, linke Hälfte)
- Interview mit einem Fußballprofi (s. Unterrichtsvorschlag unten und KV S. 6)
- mögliche Vertiefung: Interview mit Sebastian Deisler (s. KV S. 7)
- Sammeln bzw. Sichern der Nachteile einer Profikarriere (s. Tafelbild, rechte Hälfte)
- mögliche Hausaufgabe: eigener Zeitungsartikel zum Thema (vgl. Schreibanlass unten)

Streitgespräch/begründete Stellungnahme: Vor- und Nachteile des Leistungssports

Du hast den Artikel über Sebastian Deisler in der Zeitung gelesen. Er hat dich sehr beschäftigt. Schreibe für eine Jugendzeitschrift oder die Schülerzeitung einen Artikel, in dem du deine eigene Meinung über Leistungssport darstellst.

Einige von euch treiben wahrscheinlich intensiv Sport in Vereinen, während manche ganz andere Formen der Freizeitgestaltung bevorzugen. Diskutiert eure unterschiedlichen Vorlieben und Interessen.

Samstagabend, Aktuelles Sportstudio: Ein Fußball-Jungstar wird live im Studio vom Moderator der Sendung interviewt. Bildet Zweiergruppen und einigt euch darauf, wer welche Rolle übernimmt. (Notfalls entscheidet das Los.) Lest euch dann eure jeweilige Rollenkarte durch. Macht euch vor dem Interview Notizen – entweder zu weiteren Fragen, die ihr stellen möchtet, oder zu euren Antworten.

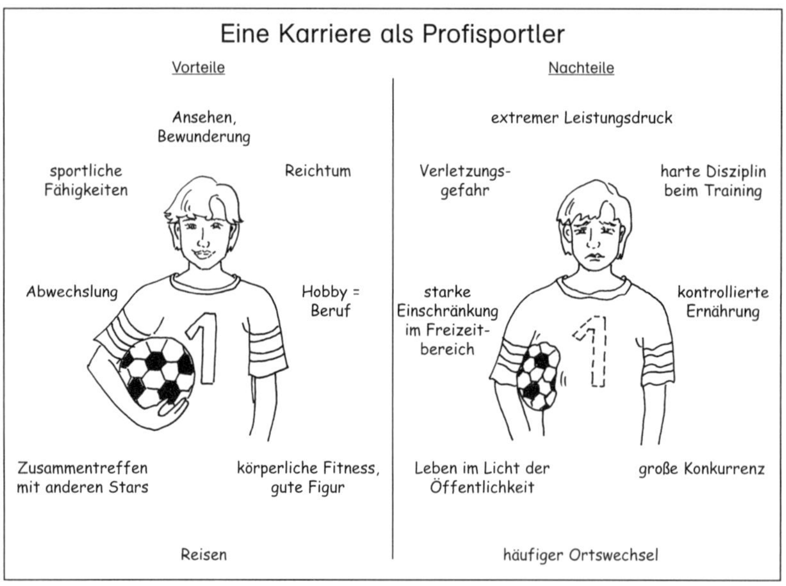

Lösung zum Tafelbild auf S. 5

Eine Karriere als Profisportler

Vorteile

Nachteile

Interview mit einem Fußballprofi

Rollenkarte 1:

Du übernimmst die Rolle des Moderators. Stelle deinem Partner die Fragen, die auf den Kärtchen stehen. Du darfst aber auch eigene Fragen ergänzen und nachhaken, wenn du mit einer Antwort nicht zufrieden bist.

Rollenkarte 2:

Du bist ein Fußball-Jungstar und gibst selten Interviews, weil dich der Presserummel aus der Ruhe bringt. Dennoch versuchst du jetzt, möglichst freundlich und offen zu antworten – soweit die Fragen nicht zu persönlich werden.

Fragekarten
(für jeden Moderator und jeden Jungstar kopieren):

Wie sind Sie zum Fußball gekommen?	Wie sieht Ihr Tagesablauf aus?
Was macht Ihnen in Ihrem Beruf am meisten/am wenigsten Spaß?	Welchen Rat würden Sie jungen Fußballprofis geben?
Was ändert sich, wenn man zum Star wird?	Warum geben Sie so selten Interviews?

Interview mit Sebastian Deisler

Seit einigen Wochen lebt Sebastian Deisler, 23, wegen Depressionen in einer Klinik. Nun hat er sein erstes Interview gegeben. Es erzählt viel davon, wie Menschen überfordert werden können von einer Situation, die andere als größtes Glück empfinden würden: Fußball spielen zu können vor 70 000 jubelnden Menschen, gefeiert zu werden für ihre Talente.

„Ich war immer unter Druck“, berichtet Deisler, „erst in den Jugendnationalmannschaften, da musste ich sogar in den höheren Jahrgängen spielen. Dann der frühe Wechsel nach Mönchengladbach, da habe ich den Sprung in die Bundesligamannschaft geschafft und war auf einmal der Mann, auf den alle in Mönchengladbach gehofft haben. Mit 18 Jahren! Dann kam der Wechsel nach Berlin, und ich dachte, es würde ein wenig ruhiger werden, dass ich mich in der großen Stadt hinter jemandem verstecken kann. Aber es wurde noch viel schlimmer. Auf einmal habe ich in der Nationalmannschaft gespielt, auf der zentralen Position, noch früher als im Verein. Plötzlich war ich der Hoffnungsträger eines ganzen Landes … So sah mein Leben aus, ich habe immer wieder Sachen verdrängt, ich hatte immer das Gefühl, man braucht mich, da habe ich alles andere beiseite geschoben.“

(zitiert nach: Süddeutsche Zeitung vom 12.12.2003)

Sebastian Deisler

Geburtsdatum: 05.01.1980 Lörrach
Größe: 1,82 m
Gewicht: 71 kg
Stammverein: FV Turmringen

Saison 98/99:	Borussia Mönchengladbach
Saison 99/00 - 01/02:	Hertha BSC Berlin
Saison 02/03 - 06/07:	FC Bayern München

Kapitel 1 bis 3: Der Einstieg in die Lektüre

Inhalt

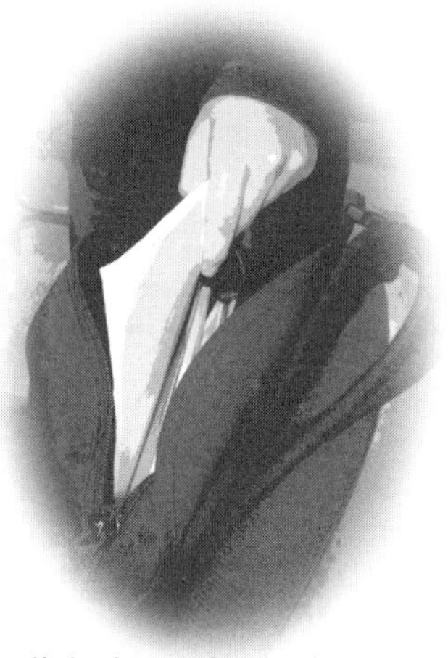

Der 13-jährige Martin, ein vielversprechendes Fußballtalent, gerät wegen seiner intensiven sportlichen Aktivitäten, die seine Eltern ehrgeizig unterstützen, zunehmend unter schulischen Druck. Als er eine günstige Gelegenheit nutzt, in der Pause die Aufgaben der anstehenden Mathearbeit heimlich einzusehen, wird er von seiner Mitschülerin Mandy ertappt. Skrupellos droht die Außenseiterin Martin zu erpressen. (Kapitel 1)

Martin ist daraufhin so verwirrt, dass er sich in der Folgestunde die letzte Chance auf eine Vier in Englisch verbaut und nun erst recht um seine Versetzung bangen muss. Dass er den Ernst der Lage sogar noch unterschätzt hat, wird ihm klar, als Mandy nach der Schule Geld für ihr Schweigen von ihm fordert. (Kapitel 2)

Zu Hause wird Martin von seiner dominanten Mutter erwartet, die sich intensiv um seine Fußballkarriere kümmert. Sie überschüttet ihn wie gewöhnlich mit Fragen und Anweisungen und drängt ihn beim Essen zur Eile, damit er rechtzeitig zum Fußballtraining kommt. In solchen Momenten beneidet Martin seinen Freund Jan, der ihn abschreiben lässt, jedoch über Langeweile klagt. Auf dem Weg zum Training bereitet sich Martin im Auto auf die Mathearbeit vor, um sich eine letzte Chance auf die Versetzung zu bewahren. (Kapitel 3)

Thematische Schwerpunkte

- Gefühle und ihr Ausdruck
- Schul- und Prüfungsangst
- unterschiedliche Erwartungen von Kindern und ihren Eltern
- Zeitmanagement von Schülern im Alltag

Stunde 2: Die Arbeit mit dem Lesetagebuch

Exemplarisch kann den Schülern in dieser Stunde die Arbeit mit einem Lesetagebuch demonstriert werden (s. KV S. 10). Neben einer passenden Überschrift zu dem jeweiligen Kapitel und einer Inhaltszusammenfassung können die Schüler künftig in Eigenregie den für sie jeweils wichtigsten Satz eines Kapitels festhalten sowie offene, noch ungeklärte Fragen formulieren. Weitere Arbeitsaufträge (vgl. Schreibanlässe) können die Arbeit mit dem Lesetagebuch ergänzen.

Für ein Lesetagebuch eignet sich am besten ein DIN-A5-Heft, auf dessen erste Seite das ausgefüllte Arbeitsblatt geklebt werden kann. Die Vorgaben wurden bewusst knapp gehalten, da sonst erfahrungsgemäß die Auswertungsphase zu viel Zeit in Anspruch nimmt. Die Kopiervorlage bietet die Möglichkeit zur Differenzierung; die rechte Vorlage kann auch für die anderen Kapitel genutzt werden.

Die einleitende Pantomime kann mittels Karteikärtchen, auf denen elementare Gefühle wie Angst, Freude, Scham und Wut notiert sind, angeleitet werden. Sie soll den Schülern den engen Zusammenhang von Psyche und körperlichen Reaktionen bzw. Begleiterscheinungen verdeutlichen.

Stundenskizze
- Einstieg: pantomimische Darstellung von Gefühlen (vgl. Anregung auf S. 9)
- gemeinsame Lektüre von Kapitel 1
- Erarbeitung des Lesetagebuchs (s. KV S. 10)
- Gefühle und ihr Ausdruck (s. Tafelbild)
  LF: *Welche Gefühle erlebt Martin?*
  Wie kommen sie zum Ausdruck?
- evtl. als Hausaufgabe: Lesetagebuch zu Kapitel 2 und 3
- mögliche vorbereitende Hausaufgabe zu Stunde 3: Elternbefragung (vgl. Schreibanlass)

Erlebniserzählung: äußeres/inneres Geschehen; Ausgestaltung des Höhepunkts
Bericht: Umformung der Erzählung in einen sachlichen Bericht

„Erst in diesem Moment wurde ihm so richtig klar, was er da gemacht hatte und welche Folgen es haben konnte.“ (S. 6) Versetze dich in Martins Situation und verfasse einen Tagebucheintrag, in dem du deinen Befürchtungen über das, was tatsächlich passieren könnte, Ausdruck gibst.

Befrage deine Eltern nach den drei wichtigsten Erwartungen, die sie an dich haben. Schreibe sie in dein Heft und stelle ihnen drei deiner eigenen Erwartungen gegenüber.

Tauscht untereinander Erfahrungen aus, wie ihr euch in (schulischen) Stress- und Prüfungssituationen fühlt. Diskutiert auch, wie ihr euch auf Klassenarbeiten vorbereitet und welche Strategien ihr einsetzt, um eure Nervosität vor und während der Klassenarbeiten in den Griff zu bekommen. Ihr könnt eure Tipps und Ratschläge auf einem Plakat festhalten und für alle sichtbar im Klassenzimmer aufhängen.

Rollenspiel: 1.

Stellt vor euren Klassenkameraden Gefühle wie Angst, Wut, Freude oder Scham pantomimisch dar. Achtet dabei auf passende Mimik, Gestik und Körperhaltung.

Martin wird ertappt! – Gefühle und ihr Ausdruck

	Martin durchwühlt die Tasche.	Martin hört, dass sich Schritte nähern.	Mandy ertappt Martin.
Gedanken	Hoffentlich ertappt mich niemand!	Oh Gott, wer kommt da?	Oh, könnte ich doch nur im Boden versinken!

körperliche Reaktionen	• zittrig • hastig • fieberhaft	• wie erstarrt • steife Hände	• sprachlos • Bauchschmerzen • hochroter Kopf
Gefühle	Aufregung	Panik	Scham

ANGST

Lösung zum Tafelbild auf S. 11

Mein Lesetagebuch – Kapitel 1

Kapitelüberschrift:

Inhalt:

Wichtigster Satz:

„Erst in diesem Moment wurde ihm so richtig klar, was er da gemacht hatte und welche Folgen es haben konnte."

Offene Fragen:

Was möchte Mandy nach der Schule mit Martin besprechen?

Mein Lesetagebuch – Kapitel

Kapitelüberschrift:

Inhalt:

Wichtigster Satz:

Offene Fragen:

Martin wird ertappt! – Gefühle und ihr Ausdruck

Martin durchwühlt die Tasche.	Martin hört, dass sich Schritte nähern.	Mandy ertappt Martin.

Gedanken

körperliche Reaktionen

- ______________________
- ______________________
- ______________________

- ______________________
- ______________________
- ______________________

- ______________________
- ______________________
- ______________________

Gefühle ______________________ ______________________ ______________________

Stunde 3: Erwartungen von Kindern und Eltern

Diese Stunde will die Kinder für die Wahrnehmung von eigenen und fremden Erwartungen und für den Umgang damit sensibilisieren.

Ausgehend von der Situation in der eigenen Familie in Form einer Bestandsaufnahme wird die Aufmerksamkeit auf die problematische Situation Martins gelenkt. Hier kann der Unterschied zwischen einem Wunsch, der dem Gegenüber die freie Entscheidung lässt, darauf einzugehen, und einer fordernd-manipulativen Erwartung verdeutlicht werden. Vertiefend kann dem passiv-erduldenden Verhalten Martins die Möglichkeit gegenübergestellt werden, nicht immer alle Erwartungen erfüllen zu wollen, sondern einen Konflikt zu riskieren. Man kann nun problematisieren, welche Mitteilungsform für eine Auseinandersetzung mit der Mutter tatsächlich realistisch erscheint und so zur möglichen Hausaufgabenstellung (Brief an die Mutter) überleiten.

Stundenskizze

- (evtl. als Besprechung der Hausaufgabe:) Erwartungen von Eltern und Kindern
- Lektüre von Kapitel 3 bis S. 18: „Gegen seine Mutter hatte er keine Chance."
- gegenseitige Erwartungen von Martin und seiner Mutter (s. Tafelbild)
  LF: *Was erwartet Martins Mutter?*
  Was wünscht sich Martin?
- Vertiefung: Martins Reaktion und Alternativen dazu (s. Tafelbild)
  LF: *Wie reagiert Martin auf die Erwartungen seiner Mutter?*
  LF: *Wie könnte er seine Situation verbessern?*
- evtl. als Hausaufgabe: Brief an die Mutter (s. Schreibanlass)
- mögliche vorbereitende Hausaufgabe zu Stunde 4: Lesetagebuch zu Kapitel 4 und 5

Streitgespräch: Wünsche und Erwartungen von Kindern und Eltern

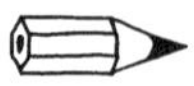

Versetze dich in Martins Lage und schreibe einen Brief an die Mutter, in dem du ihr offen sagst, wie es dir mit der Situation geht und was du dir eigentlich wünschen würdest. Kannst du ihr auch etwas Nettes sagen?

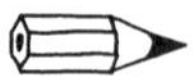

Martin gibt seiner Mutter den Brief kurz vor der Abfahrt ins Trainingslager. Da ihr eine Antwort auf den Nägeln brennt, beschließt sie, ihm sofort auch einen Brief zu schreiben. Verfasse diesen Brief aus der Sicht der Mutter.

Während Martin und seine Mutter auf der Fahrt zum Training im Stau stecken, nutzt Martin die Gelegenheit zu einem ehrlichen Gespräch mit ihr. Er nimmt allen Mut zusammen, äußert sich über seine momentane Unzufriedenheit und stellt ihr seine eigenen Wünsche dar. Spielt diese Szene nach.

In der Pause trifft Martin Jan und erzählt ihm von den Problemen mit seiner Mutter. Wie wird Jan darauf reagieren? Überlegt euch, wie das Gespräch ablaufen könnte und spielt es der Klasse vor.

Lösung zum Tafelbild auf S. 13

„Gegen seine Mutter hatte Martin keine Chance.“

Erwartungen

Wünsche

- ______________________________
- ______________________________
- ______________________________
- ______________________________
- ______________________________

Wie reagiert Martin?

- ______________________________
- ______________________________
- ______________________________

Was könnte Martin anders machen?

- ______________________________
- ______________________________
- ______________________________

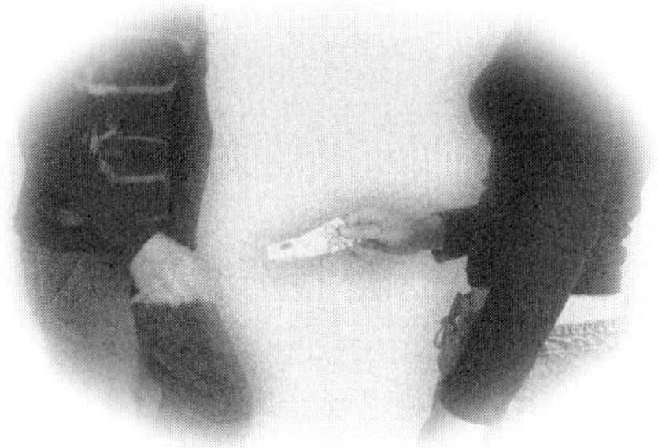

Inhalt

Mandy fordert ihr Schweigegeld ein und setzt Martin mit ihrem Wissen, dass seine Fußballkarriere von passablen Noten abhängt, unter Druck. Die Mathearbeit läuft für Martin zwar gut, doch er hat ein schlechtes Gewissen. Im anschließenden Trainingslager wird deutlich, unter welchem enormen Erfolgsdruck Martin auch im Sport steht. Dennoch wird Martin für ein Länderspiel der Jugend-Nationalelf nominiert, wofür er aber eine Befreiung vom Unterricht benötigt. (Kapitel 4)

Martins Freude über eine Zwei in der Mathearbeit wird durch eine spöttische Bemerkung Mandys schlagartig in Angst verwandelt – umso mehr, als er erkennt, Herrn Borcherts Vertrauen missbraucht zu haben. Dennoch verzichtet Martin zugunsten seiner Karriere auf ein Geständnis. Obwohl ihn eine neue Forderung von 40 € gewaltig unter Druck setzt, ist Martin entschlossen zu zahlen. (Kapitel 5)

Einen Teil des geforderten Geldes erarbeitet sich Martin, einen Teil „borgt" er sich heimlich aus der Geldbörse seiner Mutter; so gelingt es ihm, Mandys Forderungen zu erfüllen. Martin bekommt zwar nun die Genehmigung für sein Länderspiel, wird aber von Angst gepackt, als Mandy ein weiteres Treffen fordert. Mandys Bande von Mädchen, die alle am Rand der Gesellschaft stehen, stellt für Martin zwar keine unmittelbare physische Bedrohung dar, doch er ahnt, dass der Druck von dieser Seite zunehmen wird. (Kapitel 6)

Thematische Schwerpunkte

- Erpressung
- Jugendbanden
- soziale Milieus

Stunde 4: „Einmal erpressbar, immer erpressbar?"

Diese Stunde ist einem der zentralen Themen der Lektüre gewidmet: der Erpressung. Dazu erscheint es sinnvoll, mit den Schülern – zunächst noch ohne Textbezug – eine Definition dieses nicht ganz einfachen Begriffs zu erarbeiten: Erpressbar ist jemand, für den aufgrund eines Fehlverhaltens, von dem eine andere Person sichere Kenntnis hat, ein materieller oder ideeller Verlust auf dem Spiel steht. Die Koppelung der Drohung, dieses Fehlverhalten ans Tageslicht zu bringen, an eine Forderung meist materieller Art führt zum eigentlichen Tatbestand der Erpressung.

Als eine gute Überleitung zum „Teufelkreis der Erpressung" (s. Tafelbild), wie er in der Lektüre dargestellt wird, hat es sich erwiesen, zunächst das Lesetagebuch zu den Kapiteln 4 und 5 auszuwerten und dabei besonders die Sätze zum Thema „Erpressung" in den Blick zu nehmen. Diese werden erfahrungsgemäß auch von den Schülern als zentral herausgegriffen, z. B.: „Das ist Erpressung." (S. 35); „Zum Erpressen gehören immer zwei: Einer, der es macht, und einer, der sich erpressen lässt." (S. 35); „Einmal erpressbar – immer erpressbar." (S. 39)

In der Vertiefungsphase kann insofern eine Anbindung an die Vorstunde erfolgen, als Martin sich aufgrund seines auch hier passiv-duldenden Verhaltens als erpressbarer Charakter erweist und sich in weiteren Schritten durch die Anhäufung schuldhaften Fehlverhaltens (Diebstahl) immer tiefer in den Teufelskreis hineinmanövriert. Dass allerdings durchaus Handlungsalternativen denkbar sind und Martin an vielen Stellen aus dem Kreis ausbrechen könnte, kann in der Auswertungsphase der Partnerarbeit thematisiert werden.

Stundenskizze
- Einstieg: Auswertung des Lesetagebuchs zu Kapitel 4 und 5
- Definition des Begriffs „Erpressung" (s. Tafelbild)
- gemeinsame Lektüre von Kapitel 6, 1. Absatz
- Ausfüllen/Erarbeiten des restlichen Tafelbildes
- Vertiefung 1: Handlungsalternativen
  LF: *Warum wird es für Martin immer schwieriger, dem Teufelskreis zu entrinnen?*
  LF: *Welche Handlungsalternativen böten sich Martin an, um dem Kreislauf der Erpressung zu entkommen?*
- Vertiefung 2 (optional):
  LF: *Warum ist Martin eigentlich so leicht erpressbar?*
- evtl. als Hausaufgabe: Entwurf einer möglichen Zuspitzung der Erpressung (s. Schreibanlass)
- Mögliche vorbereitende Hausaufgabe zu Stunde 5: Sammeln von Martins erfüllten/unerfüllten Wünschen in Kapitel 9

Der „Teufelskreis der Erpressung“ zeigt dir, wie eine Erpressung in der Regel abläuft. Überlege, wie sich die Erpressung weiter zuspitzen könnte. Was könnte Mandy als Nächstes fordern und wie könnte Martin darauf reagieren? Schreibe deine Ideen ins Heft.

Drei Jahre später fliegt die Erpresserbande auf und Mandy legt ein umfassendes Geständnis vor der Polizei ab. Verfasse das Vernehmungsprotokoll ab dem Zeitpunkt, an dem Mandy Martin die 40 € gibt. Schreibe in der Ich-Form.

Rollenspiel: 1.

Wie stellt ihr euch Mandy vor? Sucht nach passendem Bildmaterial in Zeitschriften und bastelt eine Collage. Ergänzt die Collage durch geeignete Zitate aus der Lektüre.

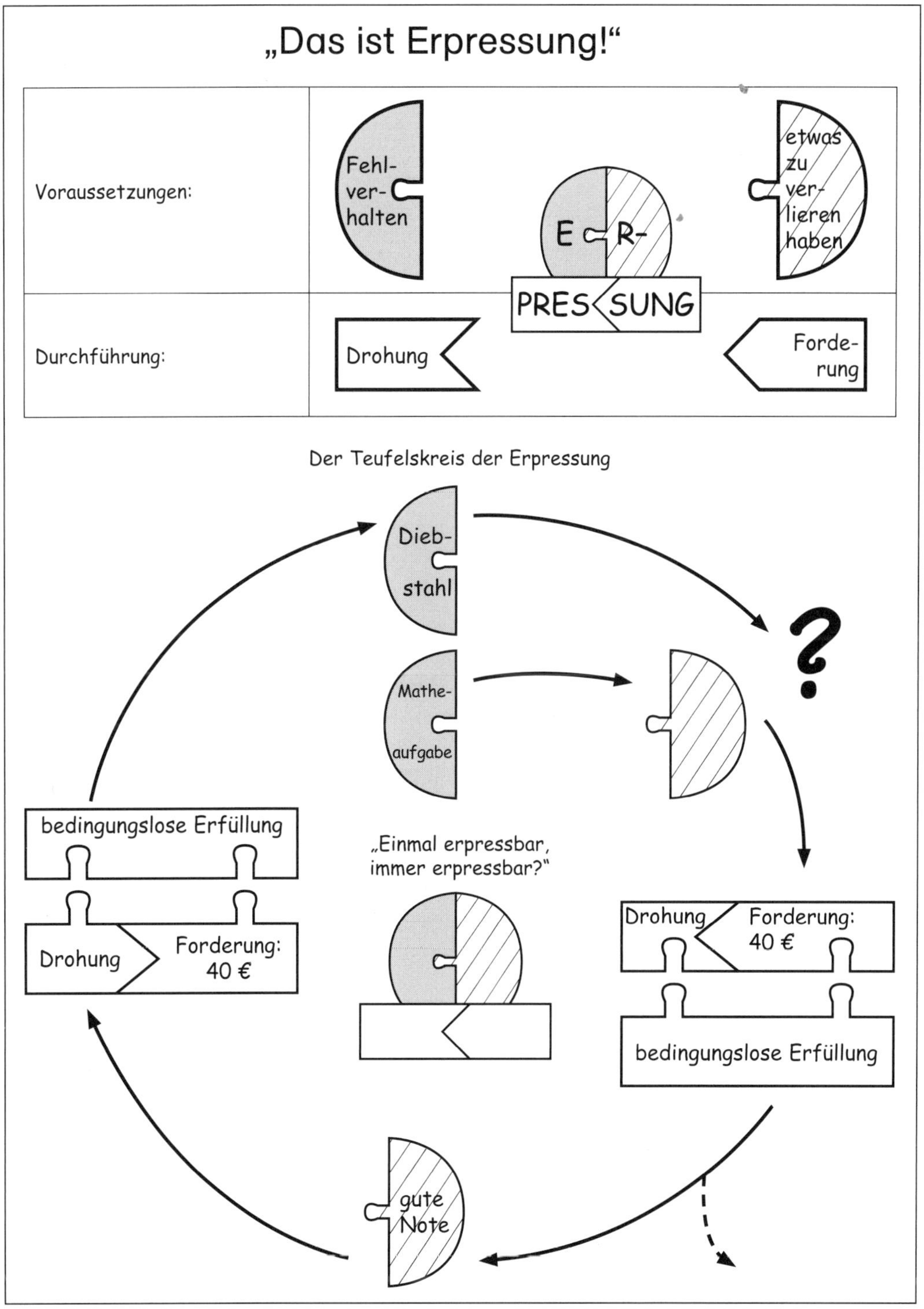

Lösung zum Tafelbild auf S. 16

„Das ist   !“

Voraussetzungen:	
Durchführung:	

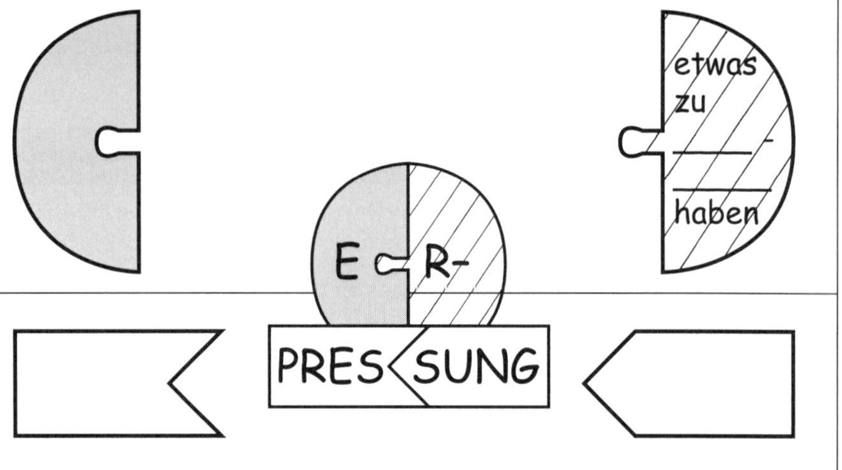

Der Teufelskreis der Erpressung

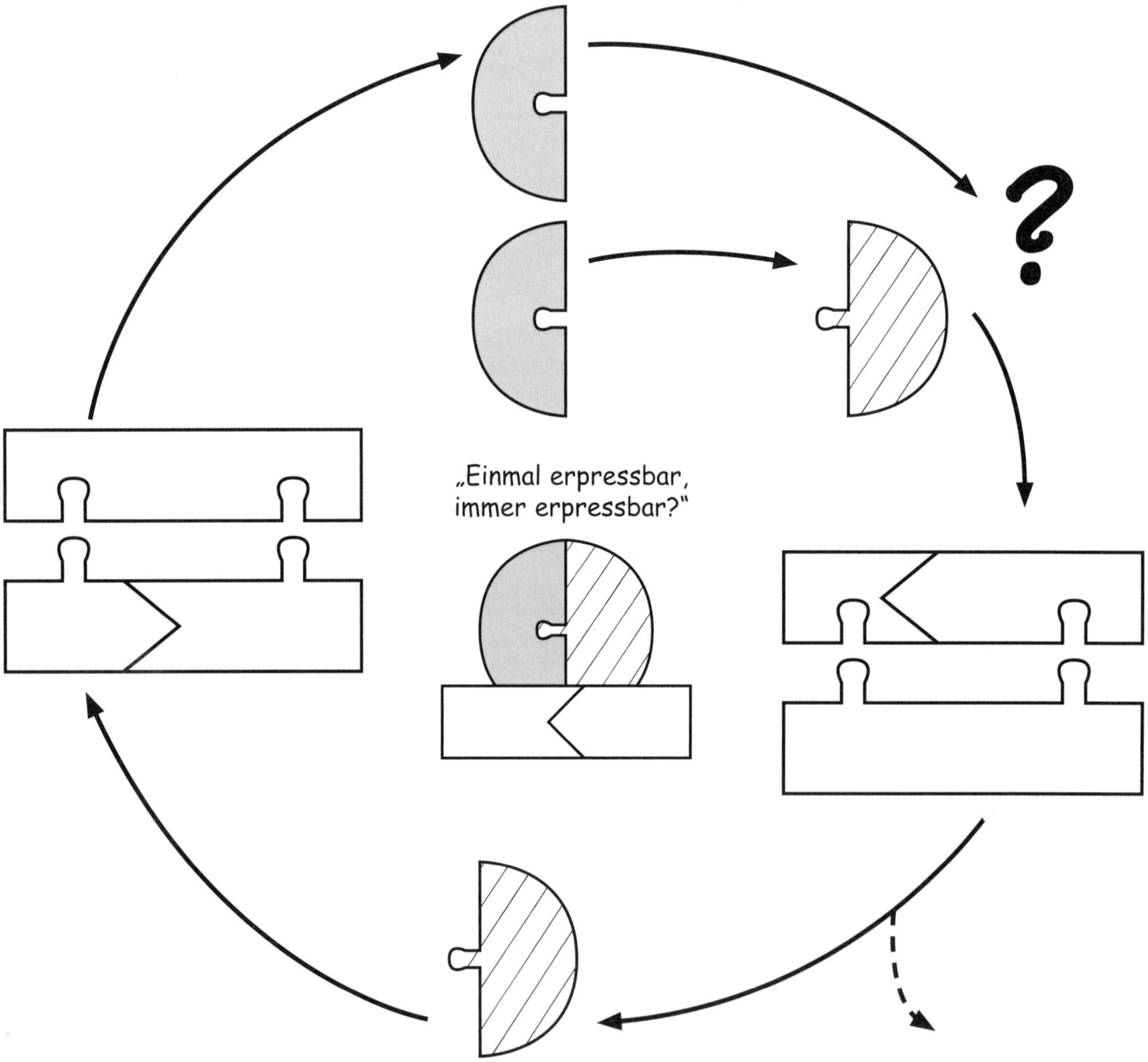

Kapitel 7 bis 9: Chancen und Gefahren für das Fußballtalent Martin

Inhalt

Im Punktspiel gegen den Tabellenführer zeigt sich Martin in Bestform, auch die Lokalpresse bekundet Interesse. In seinem Selbstbewusstsein gestärkt, lässt Martin das vereinbarte Treffen mit der Erpresserin kurzerhand sausen. Allerdings muss er dann zusehen, wie seine Ausrede auffliegt: Mandy hat das Live-Interview im Radio mitverfolgt. (Kapitel 7)

Als Mandy und ihre Freundinnen sowohl beim Training als auch bei den Punktspielen regelmäßig auftauchen, lassen Martins Konzentration und Leistung schlagartig nach. Er erntet harsche Kritik von Trainer und Mitspielern, die meinen, dass ihm die Mädchen den Kopf verdrehen. Selbst in seinen Träumen verfolgen Martin die Transparente, die die Bande am Fußballplatz schwenkt. (Kapitel 8)

Martins letzter Rückzugsraum sind nun Touren mit seinem Fahrrad, das er sich von seiner ersten Siegprämie gekauft hat. In einer Rückblende wird noch einmal deutlich, dass Martins Eltern dem fußballerischen Erfolg ihres Sohnes alles andere bedingungslos untergeordnet haben. Nur dadurch konnte Martin unter Aufsicht seines Vaters, der auch sein erster Trainer war, sein Talent so weit entfalten, dass er von Talentsuchern des HSV entdeckt und in die Jugendmannschaft des Profivereins aufgenommen wurde. Seine schulischen Leistungen litten darunter jedoch enorm. (Kapitel 9)

Thematische Schwerpunkte

- Ziele, Träume und Illusionen
- Zeitmanagement im Alltag
- Leistungen und ihre Voraussetzungen
- Chancen und Gefahren einer Karriere

Stunde 5: „Wenn man hoch hinaus wollte …"

Das Bild des Ballons eignet sich gut dazu, den Schülern auf altersgemäße Art die Gratwanderung zwischen Erfolg und Verlust der Bodenhaftung zu verdeutlichen. Es kann überdies auf jede Karriere übertragen werden.

Die zweite Lehrerfrage zielt darauf ab, dass das Fehlen einer Voraussetzung durch andere kompensiert werden kann.

Um auch den Fußballexperten der Klasse „Futter" zu geben, kann in dieser Stunde oder zu einem beliebigen anderen Zeitpunkt das „Fußballstar-Rätsel" (s. KV S. 20) eingesetzt werden.

Stundenskizze
- Einstieg: „Wenn man hoch hinaus wollte, musste man eben Opfer bringen." (S. 63)
- evtl. als Auswertung der Hausaufgabe: Martins erfüllte/unerfüllte Wünsche (s. Tafelbild: Ballon)
- Tafelbild: Halteseile des Korbs
  LF: *Mit welchen Eigenschaften gelingt es Martin, diese Wünsche zu erfüllen?*
  LF: *Was passiert, wenn ein Seil reißt?*
- Tafelbild: Korb
  LF: *Was muss Martin dafür in Kauf nehmen?*
- Tafelbild: Sandsäcke
  LF: *Was muss Martin über Bord werfen?*
- Tafelbild: Pfeil
  LF: *Was kann den Ballon zum Platzen bringen?*
- mögliche vorbereitende Hausaufgabe zu Stunde 6: Rollenmonolog (s. u.)

Ein Reporter des Stadtmagazins führt ein Interview mit Martin. Schreibe dieses in Form eines Dialogs auf. Berücksichtige die Hinweise, die du auf S. 47 bekommst.

„Wenn man hoch hinaus will, muss man eben Opfer bringen." – „Für eine Karriere darf man Freundschaften und seine Ausbildung nicht aufs Spiel setzen."

Bildet zwei Gruppen und führt ein Streitgespräch, in dem ihr die beiden gegensätzlichen Positionen vertretet. Ein Diskussionsleiter soll die Moderation übernehmen.

Martin sitzt nach dem Fußballspiel (S. 54–57) mit seiner Mannschaft in der Kabine und wird von mehreren Mitspielern wegen seiner schlechten Leistungen scharf angegriffen. Spielt diese Szene im Klassenzimmer nach.

Versetze dich in eine der vier Erpresserinnen und stelle dich der Klasse in Form eines Rollenmonologs vor. Beginne beispielsweise so: „Ich heiße Patty und bin …“

„Wenn man hoch hinaus wollte, musste man eben Opfer bringen.“

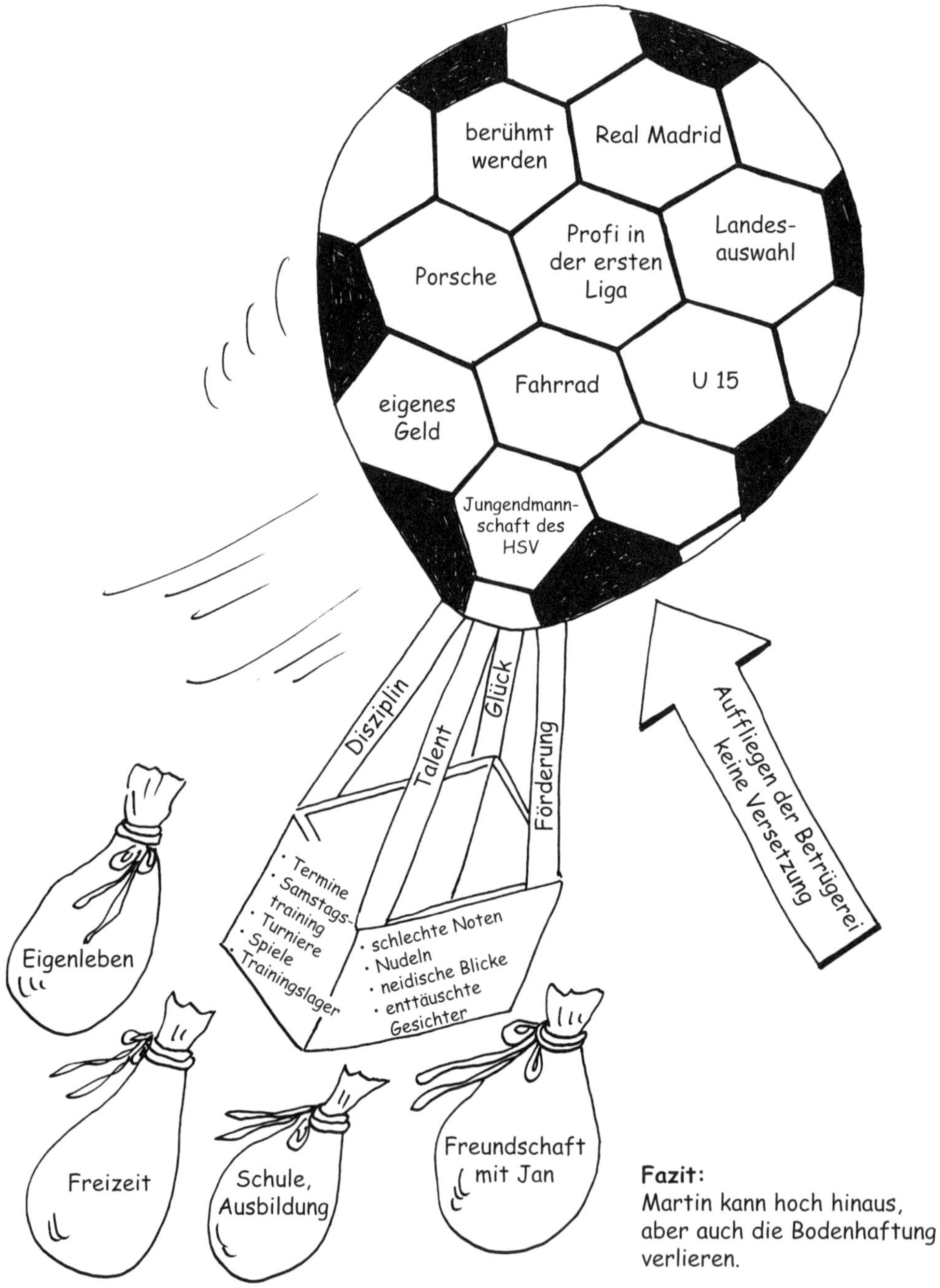

Lösung zum Tafelbild auf S. 19

„Wenn man hoch hinaus wollte, musste man eben Opfer bringen."

Fazit: ______________________

____

____

____

____

Das Fußballstar-Rätsel

Kennst du dich aus mit Fußballstars von früher und heute?
Als Lösung ergibt sich der Vorname eines argentinischen Fußballstars.

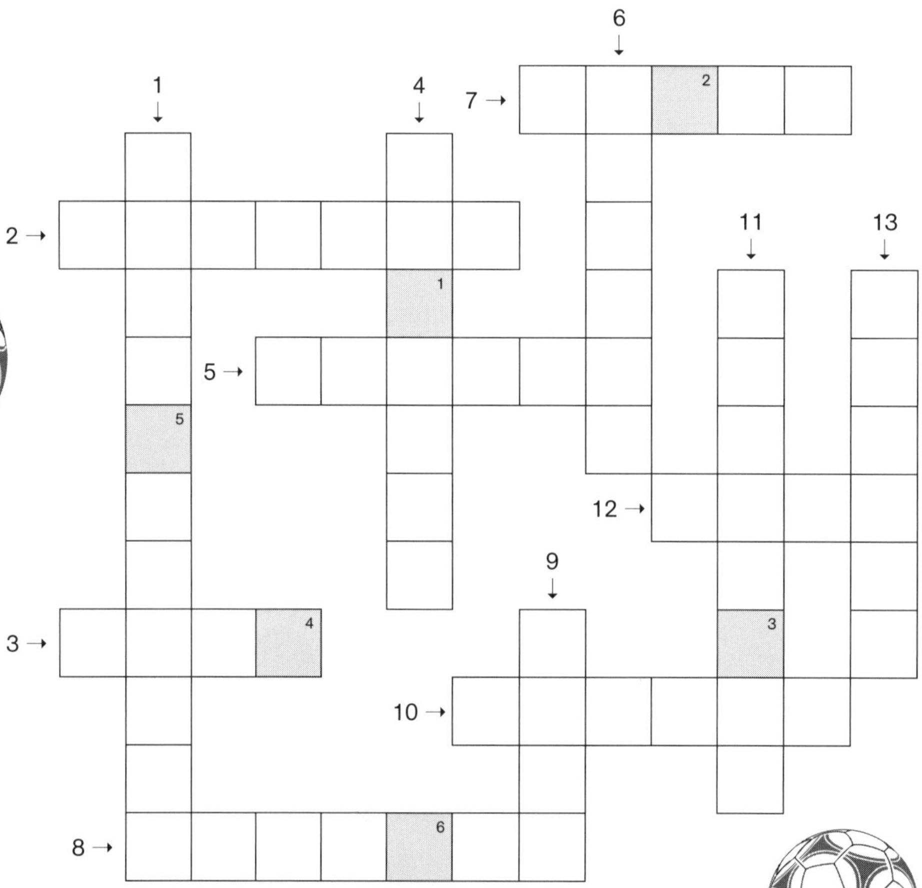

Lösung:

1	2	3	4	5	6

1. Kapitän der deutschen Weltmeistermannschaft von 1974: Franz …
2. von 2000 bis 2006 Kapitän der englischen Nationalmannschaft (Martins Lieblingsspieler): David …
3. Welttorhüter der Jahre 1999, 2001 und 2002: Oliver …
4. seit 2004 Kapitän der deutschen Nationalmannschaft: Michael …
5. Kapitän der deutschen Weltmeistermannschaft von 1954: Fritz …
6. französischer Nationalspieler, Deutschlands Fußballer des Jahres 2008: Franck …
7. Weltfußballerin der Jahre 2003 bis 2005: Birgit …
8. Weltfußballer des Jahres 2008: Christiano …
9. portugiesischer Nationalspieler, Europas Fußballer des Jahres 2000: Luis …
10. Spielmacher der französischen Weltmeistermannschaft von 1998: Zinédine …
11. Superstar der argentinischen Weltmeistermannschaft von 1978: Diego Armando …
12. seit 2003 Stürmer und Kapitän von Real Madrid
13. Torjäger der deutschen Weltmeistermannschaft von 1974: Gerd …

Kapitel 10 bis 12: Die Viererbande

Inhalt

Mandys Forderung, ihr sein Fahrrad zu überlassen, löst bei Martin ohnmächtige Wut und Verzweiflung aus. Ihre Verabredung mit Herrn Borchert zu einem Gespräch über die Mathearbeit setzt Martin weiter unter Druck. Zudem schlägt Mandy Martin vor, einen Diebstahl vorzutäuschen und ihr so sein Fahrrad zu überlassen. (Kapitel 10)

Sogar aus dem Fahrradfahren kann Martin nun keine Freude mehr ziehen. Er sehnt sich vielmehr nach einem Freund, wobei ihm bewusst wird, dass ihn mit Jan keine echte Freundschaft verbindet: Jan lässt Martin die Hausaufgaben abschreiben, wofür dieser ihm Freikarten für Fußballspiele besorgt. Ein Geständnis gegenüber Jan kann Martin sich daher nicht vorstellen. (Kapitel 11)

Dazu entschlossen, Mandy von ihrem Vorhaben abzubringen einen Diebstahl vorzutäuschen, macht sich Martin auf den Weg zum Jugendtreff am Bauplatz, wo er sie anzutreffen hofft. Heimlich muss Martin dort zunächst beobachten, wie Mandy und ihre Freundinnen im angetrunkenen Zustand ein etwa 12-jähriges Mädchen, das offenbar wie Martin erpresst wird, psychisch und physisch misshandeln. Martin kann zwar das geknebelte Mädchen aus seiner hilflosen Lage befreien, doch schürt dieser Zwischenfall seine Angst vor den Erpresserinnen noch mehr. (Kapitel 12)

Thematische Schwerpunkte

- Außenseiterproblematik
- Jugendkriminalität
- Aggression und Gewalt unter Jugendlichen
- soziale Milieus

Stunde 6: Gewalt erzeugt Gegengewalt!

Als Einstieg in diese Stunde können Rollenmonologe einen Perspektivenwechsel und somit ein Einfühlen in die Situation der sozial benachteiligten Bandenmitglieder erleichtern.

Stundenskizze
- Einstieg: Rollenmonologe der vier Erpresserinnen
- Tafelbild: austretende Luft
  LF: *Wie verhält sich die Viererbande anderen gegenüber?*
- Tafelbild: Fuß
  LF: *Warum handeln die vier Mädchen so?*
- Vertiefung (ggf. über Gesprächsanlass 1):
  LF: *Inwieweit können die Lebensumstände der Mädchen ihr Verhalten entschuldigen?*
- Transfer:
  LF: *Wodurch gerätst du unter Druck? Wie gehst du damit um?*
- mögliche vorbereitende Hausaufgabe zu Stunde 7: Welche Personen sind für Martin von Bedeutung und welche Erwartungen haben sie an ihn?

Streitgespräch: Mandy und ihre Freundinnen vor Gericht

Stellt euch vor, ihr führt eine Gerichtsverhandlung durch, bei der Mandy und ihre Bande auf der Anklagebank sitzen. Wie argumentieren Staatsanwalt und Verteidiger? Welches abschließende Urteil könnte der Richter aussprechen und wie würde er es begründen?

Diskutiert in der Klasse, was für den Buchtitel „Viererbande unter Druck“ sprechen würde.

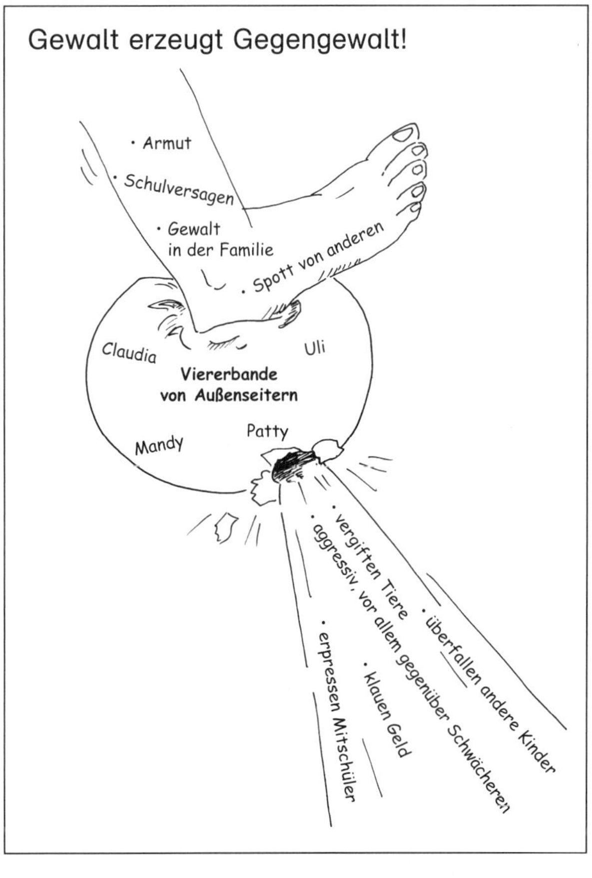

Lösung zum Tafelbild auf S. 22

Gewalt erzeugt Gegengewalt!

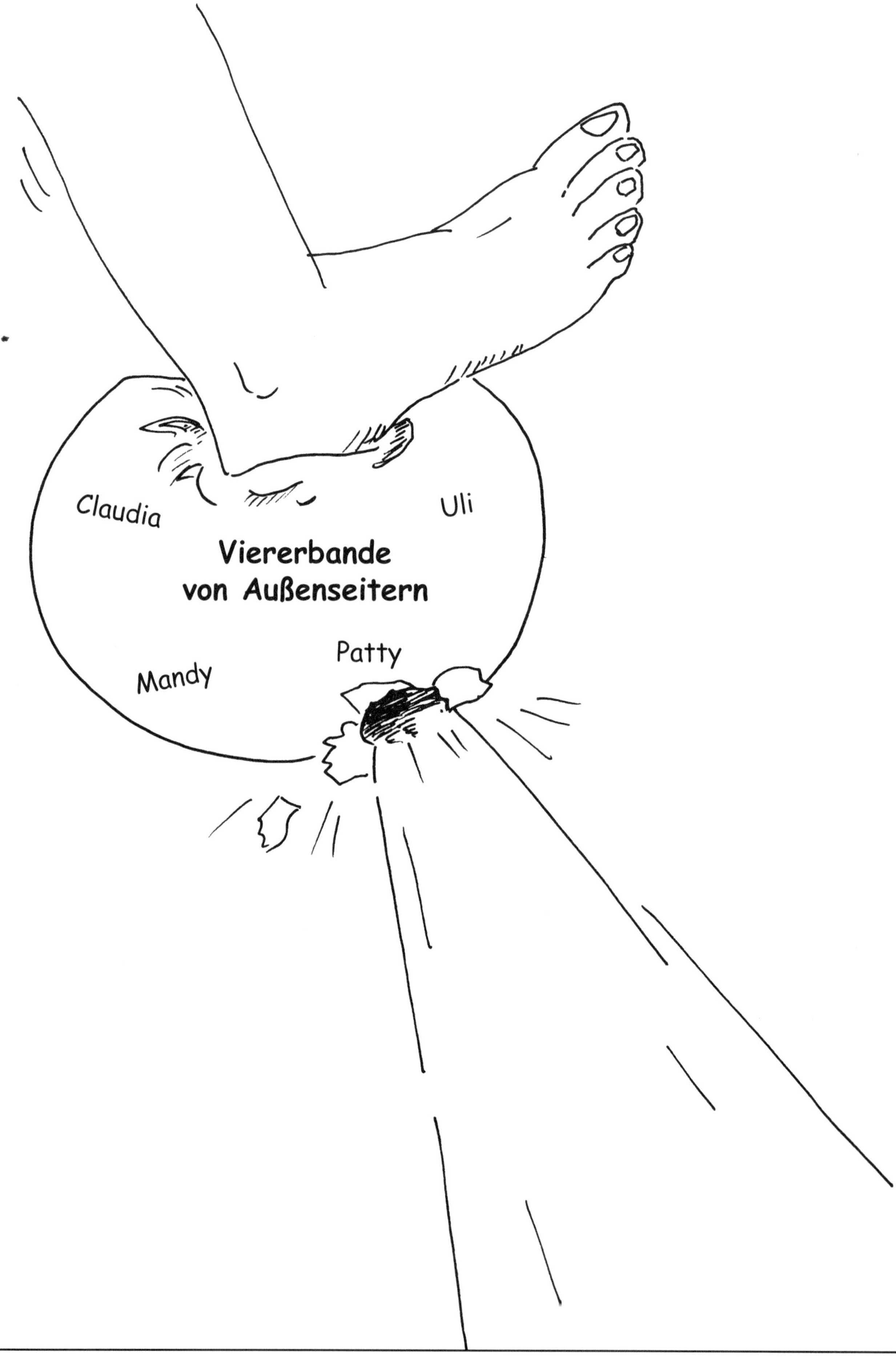

Kapitel 13 bis 16: Der Erwartungsdruck aus Martins Umfeld

Inhalt

Die Eltern freuen sich schon auf Martins großen Tag in München, obwohl seine Nominierung noch nicht einmal endgültig ist. Der enorme psychische Druck, unter dem er steht, sucht sein Ventil in fiebrigen Alpträumen von Mandy. Bevor Martin Mandy in der Schule sprechen kann, erleidet er einen Ohnmachtsanfall. Als er später nach Hause fahren will, muss er feststellen, dass Mandy ihre Drohungen wahr gemacht hat: Von nun an ist sie stolze Besitzerin eines neuen, rosaroten Fahrrads! (Kapitel 13)

Seine Hoffnung auf ein Ende der Erpressungen muss Martin begraben, als ein Artikel in der Lokalpresse erscheint, in dem von seiner angeblichen Gage als Jungprofi die Rede ist – für Mandy ein Anlass, neue Forderungen zu erheben. Martins Wut und Hilflosigkeit kann sich nur in heftigen Würgekrämpfen lösen. Gesprächsangebote von Jan, der Martins Situation zu durchschauen scheint und ihm erzählt, selbst einmal Opfer von Mandys Erpressungsversuchen gewesen zu sein, blockt Martin ab. Zwar zieht Martin in Erwägung, Jans Beispiel zu folgen und sein Fehlverhalten zu gestehen, verschiebt das Geständnis dann jedoch auf die Zeit nach dem wichtigen Spiel. (Kapitel 14)

Als Martin nach halbwegs überstandener Krankheit wieder in der Schule erscheint, erwartet ihn Mandy schon mit neuen Forderungen: Martin soll eine teure Designersonnenbrille für sie klauen. Prompt wird er dabei auf frischer Tat ertappt. Martins Eltern reagieren mit Entsetzen und Unverständnis. (Kapitel 15)

In seinen Träumen schwebt Martin auf einer Woge tosenden Beifalls in der Allianz Arena. Als er sich jedoch vom Schiedsrichter ungerecht behandelt fühlt und mit ihm eine Diskussion beginnen will, muss er erkennen, dass Mandy in Gestalt des Schiedsrichters sogar die Fußballregeln dominiert und ihn vom Platz stellt. Diese dunklen Visionen finden beim letzten Punktspiel vor Saisonende ihre Fortsetzung: Auch der gegnerische Torwart erscheint ihm im entscheidenden Augenblick als Mandy. Martin versagt, wird ausgewechselt und ein Gefühl unendlicher Einsamkeit umfängt ihn. (Kapitel 16)

Thematische Schwerpunkte

- Umgang mit Erwartungsdruck
- Zusammenhang zwischen psychischem Druck und Krankheit
- Träume und ihre Bedeutung

Stunde 7: Martin unter Druck

Diese Stunde bietet mit einer besonderen Form der szenischen Interpretation die Möglichkeit, die Schüler erfahren zu lassen, wie sich die an Martin gerichteten Erwartungen auf ihn auswirken:

Zunächst wird ein Standbild gebaut, aus dem durch Gestik und Mimik die jeweilige Beziehung zwischen Martin und den einzelnen Personen in seinem Umfeld deutlich werden soll. In einem weiteren Schritt treten die Repräsentanten aus ihrer statischen Haltung heraus und lassen durch passende Bewegungen, die auf Martin gerichtet sind, eine Dynamik entstehen, die erahnen lässt, wie dieser sich fühlen muss. Wenn zudem von den einzelnen Stellvertretern die gemeinsam formulierten Erwartungen (vgl. Tafelbild) zunächst einzeln, dann als Klangcollage durcheinander gesprochen werden, ergibt sich ein noch wirkungsvolleres Gesamtbild.

Von anderer Qualität als bisher ist Martins zwar weiterhin resignierende, zumindest aber einen eigenen Willen bekundende Reaktion auf Mandys Forderungen, wie er sie in einem Traum (S. 89) formuliert. Ausgehend von dieser Textstelle kann das Thema „Problembewältigung in Träumen" aufgegriffen werden.

Stundenskizze

- Einstieg (evtl. als Auswertung der Hausaufgabe): Zuordnung der Figurenkonstellation zu den Sprechblasen (s. Tafelbild)
- Tafelbild: Füllen der Sprechblasen
  LF: *Was erwarten die Menschen aus Martins Umfeld von ihm?*
- Vertiefung: szenische Umsetzung (s. Rollenspiel)
  LF: *Wie wirken die Erwartungen von außen auf den Schüler, der Martin repräsentiert?*
- Tafelbild: Martins Gedankenblase
  LF: *Wie reagiert Martin im Traum auf die Erwartungen? (Textarbeit, S. 89)*
- Transfer: Übertragung auf die Erfahrungswelt der Schüler

> LF: *Wie geht ihr mit Situationen um, in denen ihr Erwartungen von vielen Seiten ausgesetzt seid?*

Kannst du dich noch an einen Traum von dir aus der letzten Zeit erinnern? Versuche ihn möglichst in allen Einzelheiten aufzuschreiben.

Verfasse den Zeitungsartikel „Jungtalent Martin am Anfang einer großen Karriere“, den Martins Mitschüler an die Tafel geheftet haben (S. 100).

„Zeig doch mal, was du in deinem Ärmel hast.“ (S. 114) Welche Gedanken schießen Martin in dem Moment durch den Kopf, als der Kaufhausdetektiv ihn anspricht? Verfasse einen inneren Monolog.

Mandy beobachtet, wie Martin ins Büro des Kaufhausdetektivs gebracht wird. Was geht ihr in diesem Moment wohl durch den Kopf? Schreibe einen inneren Monolog, in dem du die Hinweise auf S. 114 berücksichtigst.

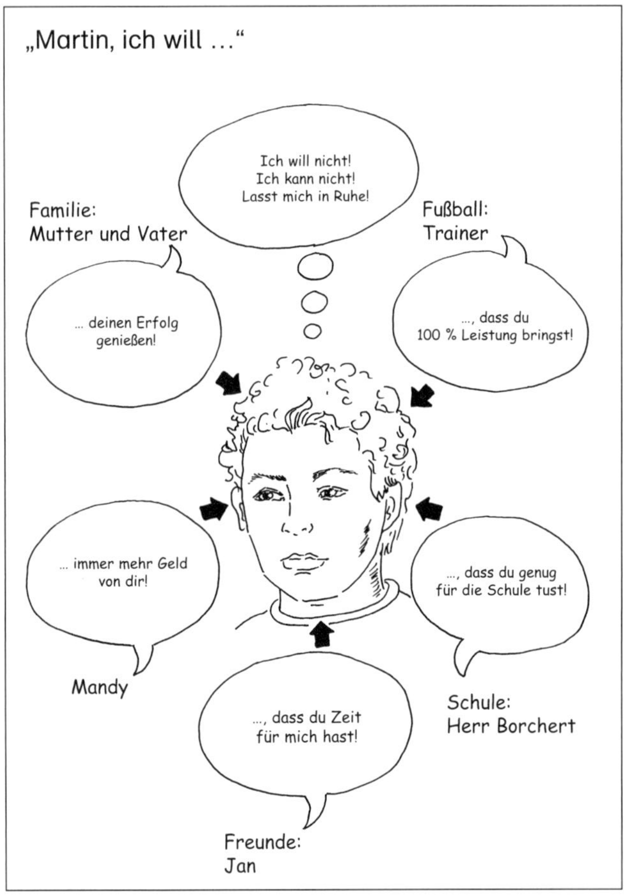

Skizziere die Fortsetzung des „Teufelskreises der Erpressung“ und verwende für die einzelnen Schritte die Symbole des Tafelbildes „Das ist Erpressung!“ (S. 16).

Setzt euch in Kleingruppen zusammen und erzählt euch gegenseitig die Träume, die ihr in letzter Zeit hattet. Überlegt gemeinsam, welche Bedeutung sie für euer Alltagsleben haben könnten.

Rollenspiel: 1.

Bildet fünf Gruppen, also für jede Person oder Personengruppe, die Erwartungen an Martin hat, eine Gruppe. Wählt jeweils eine Person aus, die wie eine Statue eine Figur der Lektüre darstellen soll. Überlegt, welche Körperhaltung und welcher Gesichtsausdruck am besten ihre Beziehung zu Martin ausdrücken und wie weit sie von Martin entfernt steht. Wie würde sich eure Figur bewegen und mit welchem Satz würde sie ihre Erwartung an Martin aussprechen? Verteilt auch Martins Rolle und setzt eure Ideen um. (Zur Durchführung vgl. Erläuterungen zu Stunde 7)

Rollenspiel: 1.

„Nee, ich zahle schon lange nicht mehr. Irgendwann habe ich es nicht mehr ausgehalten und meiner Mutter alles erzählt.“ Spielt den Dialog zwischen Jan und seiner Mutter und berücksichtigt dabei die Hinweise aus der Lektüre (S. 102–104).

Lösung zum Tafelbild auf S. 25

„Martin, ich will …“

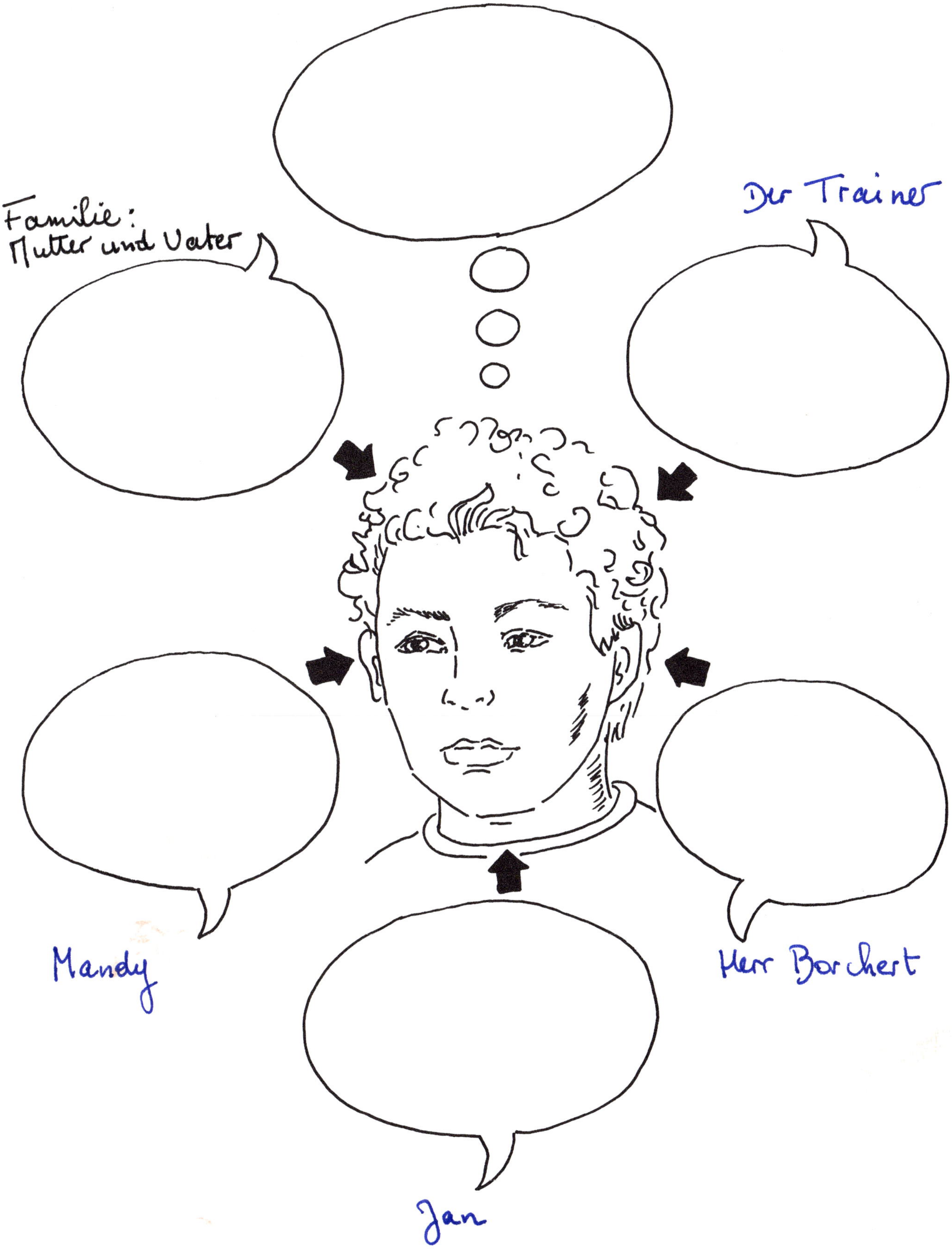

Stunde 8: Psychischer Druck

Diese Stunde kann als eine Ergänzung betrachtet werden, die inhaltlich über die Lektüre hinausweist.

Sie soll die Schüler – ähnlich wie Stunde 2 – für den engen Zusammenhang zwischen psychischem Druck und körperlichen Reaktionen sensibilisieren. Zudem wird dabei der Versuch unternommen, auch im Sinne einer Wortschatzerweiterung bekannte Redewendungen auf ihre Bildlichkeit hin zu untersuchen. Die Stunde bietet viele Möglichkeiten, den Erfahrungshorizont der Schüler einzubeziehen.

Erlebniserzählung: bildhafte Sprache

Stundenskizze
- Einstieg: Einordnung des Zitats „Du siehst blass aus." (S. 101)
- Lektüre von Kapitel 14 bis S. 102 oben
  LF: *Wie reagiert Martin körperlich auf die Situation?*
- Erarbeitung: Zusammenhang zwischen psychischem Druck und körperlicher Reaktion
  LF: *Welche Redensart passt zu Martins Reaktion? (etwas „zum Kotzen" finden)*
- Ergebnissicherung (vgl. Tafelbild/KV)
- Transfer (optional): Worin sucht der psychische Druck ein weiteres Ventil? (Träume)
- mögliche vorbereitende Hausaufgabe zu Stunde 9: Lesetagebuch zu Kapitel 17
  LF: *Was erfährt der Leser über Mirko?*

Wenn psychischer Druck auf den Körper schlägt

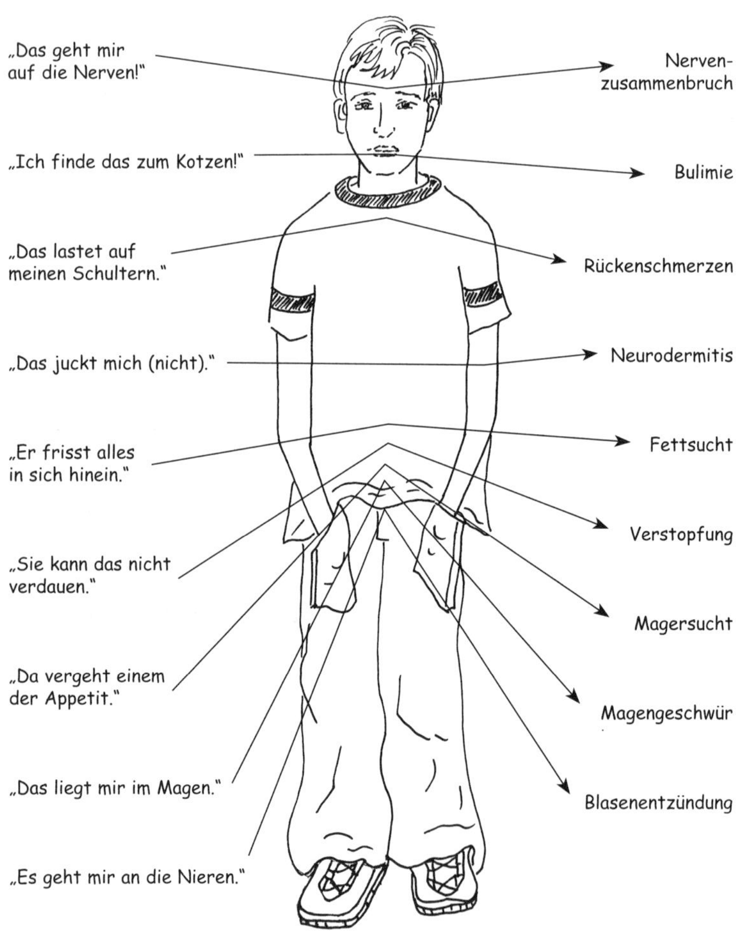

Wenn psychischer Druck auf den Körper schlägt

„Das geht mir auf

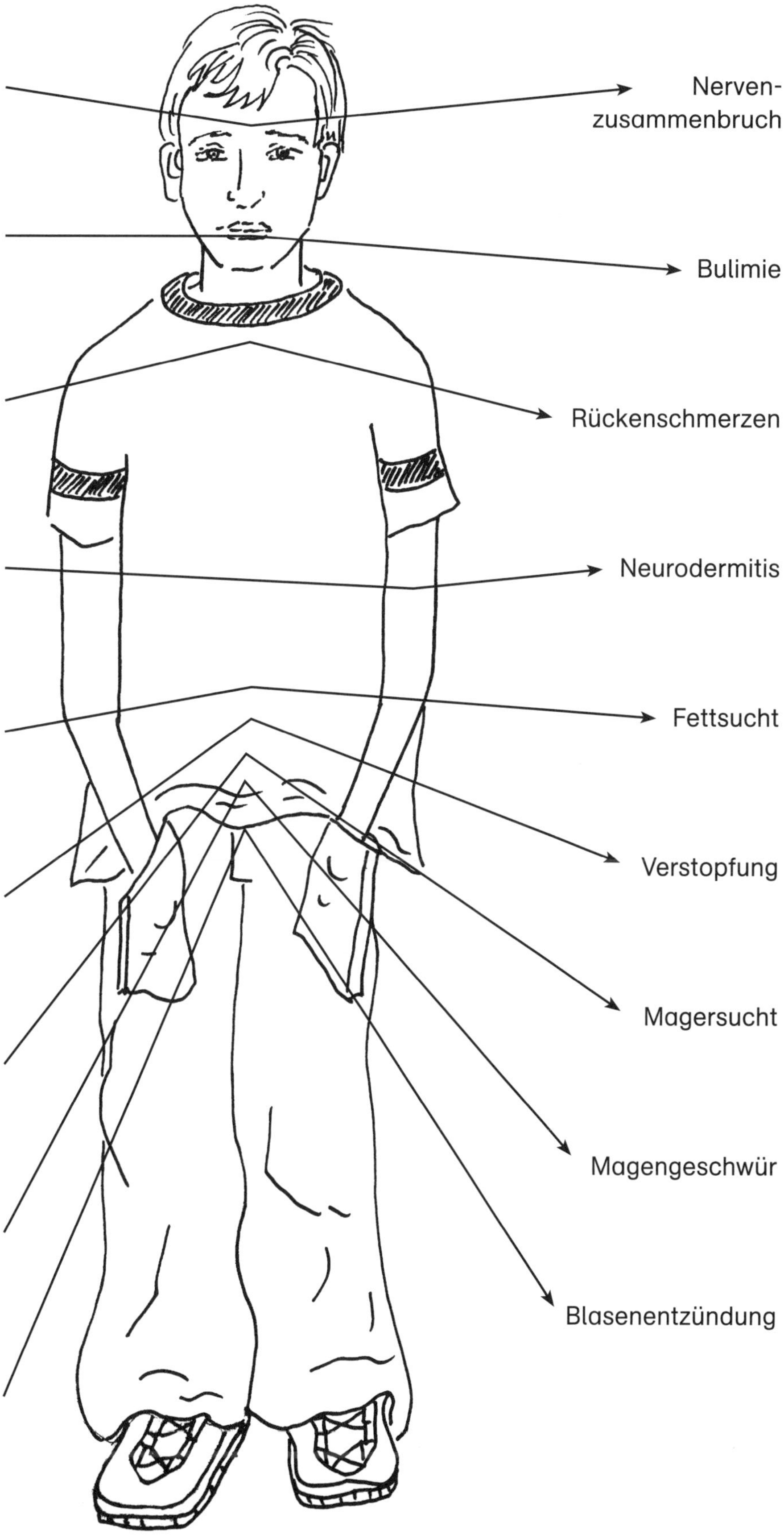

Kapitel 17 bis 19: Der Schluss der Erzählung

Hinweis: Um die 11. Stunde wie vorgesehen halten zu können, ist es wünschenswert, dass die Schüler das Ende des Buches vorher noch nicht gelesen haben.

Inhalt

Der rätselhafte Selbstmord des 17-jährigen Mirko, der mit einer Erpressung in Zusammenhang gebracht wird, versetzt Martin in einen Schockzustand. In Mirkos Abschiedsgedicht, das in der Schule thematisiert wird und in dem von Einsamkeit, Verzweiflung und Kommunikationsbarrieren die Rede ist, fühlt Martin seine eigene Situation treffend zum Ausdruck gebracht. (Kapitel 17)

Als Mandy nach Tagen der Abwesenheit wieder in der Schule erscheint, begegnet sie Martin mit neuen Drohungen. Durch Mirkos Tod hat Martin jedoch den Ernst der Lage deutlich erkannt, vor allem auch, dass er der großen psychischen Belastung einer Erpressung niemals standhalten kann. Er nimmt daher allen Mut zusammen, weiht Jan in sein Geheimnis ein und liefert, unterstützt von Jan, vor Borchert ein umfassendes Geständnis ab. Sein Lehrer reagiert schockiert, aber gleichzeitig erleichtert. (Kapitel 18)

Martins Aufgabe ist es nun, seine Eltern über alles zu informieren. Auch sie sind sprachlos angesichts des mangelnden Vertrauens ihres Sohns, doch auch erleichtert, zumal sie Martins Verhalten in den letzten Wochen nun verstehen können. Martins Mathearbeit wird zwar nachträglich mit der Note Sechs bewertet, doch wird ihm die Möglichkeit einer Nachprüfung am Ende der Sommerferien gewährt. Die Schulbefreiung für das Spiel in München bleibt bestehen. Gegen den Willen seiner Eltern, die Martins „Peinlichkeiten“ verhehlen wollen, gesteht Martin auch seinem Trainer alles, woraufhin dieser zwar ein deutliches Plädoyer für absolute Ehrlichkeit an Martin richtet, aber seine Meldung für München nicht zurückzieht.

Mit einem Tor im Länderspiel der „U 15“ gegen England überwindet Martin sein Trauma, überall von Mandy verfolgt zu werden, und „schießt sich frei“. (Kapitel 19)

Thematische Schwerpunkte

- Selbstmord als Problemflucht
- Freundschaft
- Ehrlichkeit und Konfliktlösung
- Textvarianten – kritische Bewertung des Schlusses

Stunde 9: Selbstmord – keine Lösung

Diese Stunde ist aufgrund der brisanten Thematik vor allem in der Unterstufe nicht unproblematisch.

Es ist nicht einfach, den Schülern ohne einen zeitintensiven Exkurs klar und schlüssig zu vermitteln, warum Selbstmord keine Lösung darstellt. Da Selbstmord aber ein wichtiges Thema in der Lektüre ist, erscheint die Aufarbeitung in der Klasse dringend angebracht. Es ist besser, ein schwieriges und nicht eindeutig planbares Gespräch in Kauf zu nehmen, als die Schüler mit dem Thema allein zu lassen. Eine Besprechung der Aspekte, die am Ende des Tafelbildes auftauchen, kann durch weitere Leitfragen unterstützt werden: Warum wird Selbstmord von Religionen verboten? Warum darf der Mensch nicht über sein eigenes Leben entscheiden? (Verweis auf Lektüre, S. 131: „Und vielleicht bekam er später eine neue Chance. Eine Chance, die Mirko nie mehr haben würde ...“)

Bei der Erarbeitung des Gedichts bietet es sich an, vorab eine zeitliche Gliederung der darin beschriebenen Gefühle und Stimmungen vorzunehmen. Dabei kann der Satz „Ich bin gegangen“ (Vers 18) einen Ausgangspunkt darstellen. Mit der Verwendung des Perfekts versetzt sich der Schreibende in die Perspektive des Lesers und greift aus der Schreibgegenwart in die Zukunft vor. Für die Schüler ist es nicht ganz einfach zu erkennen, dass hier von Tod die Rede ist. Diese Vorgehensweise erleichtert ihnen den inhaltlichen Zugang zum Gedicht.

Stundenskizze

- Einstieg: Auswertung der Hausaufgabe: Cluster zu Mirko
- Textlektüre: Gedicht „Auf-Lösung“ (S. 126f.)
- Gliederung des Gedichts in drei Teile (à 2 Strophen)
- szenische Umsetzung des Gedichts (s. KV S. 30, Arbeitsaufträge für Gruppen 1 bis 3, und Tafelbild, Zeile „Mirko“)
- Parallelen zu Martin (s. KV S. 30, Arbeitsauftrag für Gruppe 4, und Tafelbild, Zeile „Martin“)

- Reaktionen auf das Gedicht (s. KV S. 30, Arbeitsauftrag für Gruppe 5, und Tafelbild, Zeile „Reaktion auf Mirko“)
- Transfer: Diskussion der Selbstmordthematik (s. Tafelbild unten)
  LF: *Warum ist Selbstmord keine Lösung?*
- mögliche vorbereitende Hausaufgabe zu Stunde 10: Suche Hinweise in Kapitel 3 und 11, die sich auf die Beziehung zwischen Jan und Martin beziehen.

„Später fragte sich Martin oft, wie es wohl weitergegangen wäre, wenn nicht am gleichen Tag, an dem er beim Stehlen erwischt worden war, die Sache mit Mirko passiert wäre.“ Überlege dir eine mögliche Fortsetzung der Geschichte für diesen Fall und schreibe sie in dein Heft.

Herr Borchert entscheidet sich dafür, Mirkos Abschiedsgedicht in der Klasse vorzulesen. Diskutiert in Kleingruppen, was ihn wohl dazu bewogen hat. Überlegt auch, was dagegen gesprochen hätte, dies zu tun. Haltet die Ergebnisse in Stichpunkten fest und tragt sie euren Mitschülern vor.

Rollenspiel: 1.

Bildet drei Gruppen und stellt die in Strophe 1/2, 3/4 und 5/6 entworfenen Bilder jeweils pantomimisch dar. Wählt einen Sprecher aus, der während eurer szenischen Darstellung die Verse vorliest (vgl. KV S. 30).

Eine vereinfachte Darstellung dieser Pantomime kann auch in das Tafelbild (Zeile Mirko) eingebunden werden.

„Selbstmord ist keine Lösung …“

	Vergangenheit	Gegenwart	Zukunft
Mirko	• nicht allein • reden • lachen	• Ratlosigkeit • Einsamkeit • Verzweiflung	Auf-Lösung
Martin		„Martin fühlte sich unendlich einsam.“ (S. 122)	Lösung?
Reaktion auf Mirko		„Er war schon tot, bevor er gestorben ist.“ (S. 127)	„Er hätte mit jemandem reden müssen.“ (S. 127)
	Vergangenheit	Gegenwart	Zukunft

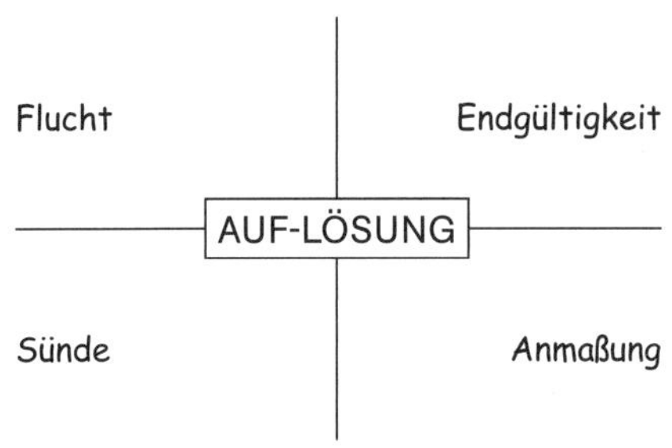

Ein hinterlassenes Gedicht

✂

Gruppe 1:

Versucht das in den Versen 1 bis 8 entworfene Bild pantomimisch darzustellen. Wählt einen Sprecher aus, der während eurer szenischen Darstellung die Verse vorliest.

Gruppe 2:

Versucht das in den Versen 9 bis 16 entworfene Bild pantomimisch darzustellen. Wählt einen Sprecher aus, der während eurer szenischen Darstellung die Verse vorliest.

Gruppe 3:

Versucht das in den Versen 17 bis 24 entworfene Bild pantomimisch darzustellen. Wählt einen Sprecher aus, der während eurer szenischen Darstellung die Verse vorliest.

Gruppe 4:

In der Lektüre heißt es (S. 127): „In (Mirkos) Gedicht war die gleiche Einsamkeit, die (Martin) zwei Tage zuvor im Stadion gespürt hatte."
Fasst nach der Lektüre von S. 121–123 zusammen, auf welche Situation sich Martin mit dieser Aussage bezieht, und sammelt wichtige Textstellen, die Parallelen zwischen Mirkos und Martins Situation deutlich werden lassen.
Notiert diese in euer Heft.

Gruppe 5:

Sammelt Reaktionen auf das Gedicht (S. 127–129), indem ihr die Sätze, die euch in diesem Zusammenhang am wichtigsten erscheinen, ins Heft notiert.

„Selbstmord ist keine Lösung …“

	Vergangenheit	Gegenwart	Zukunft
Mirko			
Martin			
Reaktion auf Mirko			
	Vergangenheit	Gegenwart	Zukunft

AUF-LÖSUNG

Stunde 10: Die Freundschaft mit Jan

Diese Stunde eröffnet die Möglichkeit, die gesamte Lektüre noch einmal unter dem thematischen Aspekt „Freundschaft“ in den Blick zu nehmen, da Martins veränderte Beziehung zu Jan eine entscheidende Entwicklung der Hauptfigur darstellt.

Das Tafelbild (s. u.) ist als Gesamtbild ergiebig, birgt aber die Schwierigkeit, dass in der Erarbeitungsphase verhältnismäßig kleinschrittiges Arbeiten notwendig ist. Deshalb bietet es sich an, den ersten Teil (obere Spalte) gründlich und lehrergesteuert zu entwickeln. Anschließend können die Schüler unter Beibehaltung der Grundstruktur die Entwicklung der Beziehung eigenständig erarbeiten.

Stundenskizze

- Einstieg: Diskussion verschiedener Zitate zum Thema „Freundschaft“ (s. KV S. 33)
  LF: *Welches Zitat gefällt dir am besten, welches am wenigsten und warum?*
- Besprechung der Hausaufgabe (s. Tafelbild, obere Hälfte)
  LF: *Was bekommen Martin und Jan voneinander? Wovon ist ihr Verhältnis geprägt?*
- Lektüre/Transfer: Textlektüre S. 130–134 (und S. 137)
  LF: *Wie hat sich die Beziehung zwischen Martin und Jan entwickelt?*
  (s. Tafelbild, untere Hälfte)
- Hausaufgabe/Vertiefung: Überlege dir die fünf Dinge, die dir in einer Freundschaft am wichtigsten sind, und notiere sie in Form eines Clusters.
- mögliche vorbereitende Hausaufgabe zu Stunde 11: ausfüllen der linken Spalte der KV „Martins Geständnis …“ (S. 35)

„Herr Borchert (…) nahm sich vor, Mandy sofort wenn sie kam zur Rede zu stellen.“ (S. 130) Halte das Gespräch, das Herr Borchert mit Mandy führen wird, in Form eines Dialogs fest.

„Und diesmal war es Mandy, die fassungslos dastand und hinter ihm herstarrte.“ (S. 131) Welche Gedanken schießen ihr durch den Kopf? Verfasse einen inneren Monolog.

Diskutiert in Kleingruppen, welche drei Dinge euch in einer Freundschaft am wichtigsten sind. Versucht euch gemeinsam auf nicht mehr als fünf Dinge zu einigen und sie nach ihrer Wichtigkeit zu ordnen.

Rollenspiel: 1.

Baut jeweils ein Standbild, in dem die Beziehung zwischen Martin und Jan vor und nach dem Geständnis zum Ausdruck kommt. Überlegt euch dazu für beide Figuren einen passenden Satz.

Die Freundschaft mit Jan

Ausgangspunkt:

Jan und Martin beneiden einander.

↓

Jan bekommt:		Martin bekommt:
• Fußballkarten • Stadionbesuche • Anteil an aufregender Welt Martins	Zweckgemeinschaft ⟷ vom NEHMEN geprägt	• Hausaufgaben zum Abschreiben • Bewunderung

↓ ↓ ↓

Entwicklung:

Jan öffnet sich, ist nicht böse.	Freundschaft, Vertrauen ⟷ vom GEBEN geprägt	Martin öffnet sich auch, überwindet seine Angst.

↑

Jan und Martin werden durch Gemeinsamkeiten verbunden.

Freunde

Das Wesen eines Menschen hängt vom Einfluss guter oder schlechter Freunde ab.

unbekannt

Ein Bettler ist jemand, der sich auf die Hilfe seiner Freunde verlassen hat.

Ambrose Bierce

Ein Freund ist ein Mensch, vor dem man laut denken kann.

Ralph Waldo Emerson

Die besten Freunde sind diejenigen, mit denen man über dieselben Dinge schweigen kann.

unbekannt

Freundschaft ist eine Seele in zwei Körpern.

Aristoteles

Die beste Freundschaft ist Liebe mit dem Verstand.

Jean de la Bruyère

Ältere Freundschaften haben vor neuen hauptsächlich das voraus, dass man sich schon viel verziehen hat.

Johann Wolfgang von Goethe

Stunde 11:
Martins Geständnis und seine Folgen

Der Schluss der Erzählung wirkt – nach unseren Erfahrungen – auf einige Schüler etwas unbefriedigend, da sich Martins Probleme am Ende fast von selbst zu lösen scheinen. Dieser Umstand legt nahe, den Textschluss kritisch ins Visier zu nehmen. Ausgehend von eigenen Ideen für den Ausgang der Geschichte (s. KV S. 35, linke Spalte) können die Schüler einen distanzierteren Blick auf das tatsächliche Romanende gewinnen. Eine solche Vorgehensweise setzt allerdings voraus, dass die Schüler den Schluss noch nicht kennen.

Stundenskizze

- Einstieg: Auswertung der Hausaufgabe, Diskussion alternativer Antworten
- arbeitsteilige Gruppenarbeit zu S. 134 – 143
  LF: *Wie reagieren Herr Borchert, Martins Trainer und die Eltern auf Martins Geständnis?*
- Auswertung der Gruppenarbeit und Vervollständigen der Kopiervorlage (s. KV S. 35, rechte Spalte)
- Vertiefung: Lektüre des Romanendes und Bewertung
  LF: *Wie wirkt das Ende der Erzählung auf euch?*
- mögliche Hausaufgabe: Verfasse einen eigenen Romanschluss (s. Schreibanlass).
- mögliche Hausaufgabe: Verfasse einen Brief an die Autorin des Romans (s. KV S. 36).

Erlebniserzählung: Verfassen eines alternativen Textschlusses

Verfasse einen eigenen Romanschluss. Beginne mit dem Satz: „Gegen 20.30 Uhr erschien Herr Borchert und teilte (Martins Eltern) mit, dass …" (S. 140). Berücksichtige dabei noch offene Fragen, deren Beantwortung dir wichtig erscheint.

Überlegt gemeinsam, was Martin wohl dazu bewogen hat, auch seinem Trainer die Wahrheit zu sagen. Welche Gründe sprechen für, welche gegen diese Entscheidung?

Sammelt offengebliebene Fragen und findet mögliche Antworten. Versucht diese zu begründen.

Martins Geständnis und seine Folgen

Überlege und trage links ein: Wie könnten die verschiedenen Personen auf Martins Geständnis reagieren? Finde eine eigene, für dich passende Lösung.

Überprüfe und trage rechts ein: Wie reagieren die verschiedenen Personen im Roman auf Martins Geständnis? Finde einschlägige Textbelege.

Wie reagieren **Herr Borchert** und **Martins Trainer** auf Martins Geständnis? Welche Entscheidung wird bezüglich Martins Versetzung getroffen? Aus welchen Gründen wird Martins Nominierung für das „U 15"-Spiel (nicht) zurückgezogen? Warum bekommt Martin die Schulbefreiung für das Spiel in München (nicht)?

Wie reagieren **Martins Eltern** auf sein Geständnis?
Wie ändert sich das Verhältnis zwischen Martin und seinen Eltern?

Wie das Buch entstand

Die Autorin von „Martin unter Druck“, Carolin Philipps, hat zu ihrer Person und zur Entstehung des Romans einen Text geschrieben:

Ich wurde 1954 in Meppen/Niedersachsen geboren, studierte Geschichte und Englisch und arbeite heute im Hauptberuf als Lehrerin an einer Realschule in Hamburg. Ich bin verheiratet und habe zwei Kinder, die schon erwachsen sind. Seit 1989 schreibe ich Kinder- und Jugendbücher.

Die meisten meiner Bücher entstehen aus persönlichen Erlebnissen. So auch dieses. In meiner letzten Realschulklasse hatte ich einen Schüler, der sehr gut Fußball spielte und mit seinem Verein oft zu Punktspielen und Turnieren unterwegs war. Klar, dass er da kaum Zeit zum Lernen hatte – und so wurden seine Noten immer schlechter.

Einmal erwischte ich ihn einen Tag vor einer Englischarbeit dabei, wie er in der Pause neben meiner Tasche stand, die ich in der Klasse vergessen hatte. Er bekam einen roten Kopf, als er mich sah. Ich fragte ihn, was er getan hätte, wenn ich nicht gekommen wäre. Er sah mich empört an und fragte: „Glauben Sie etwa, ich hätte in Ihrer Tasche nach der Arbeit gewühlt?!“ Tja, da stand ich nun und wusste selber nicht, ob ich ihm das zutrauen würde. Und wenn er es getan hätte und jemand anders hätte ihn dabei gesehen? Hätte er sich womöglich erpressen lassen?

Wenn sich solche Erlebnisse und Gedanken erst mal in meinem Kopf festgesetzt haben, entsteht daraus meist ein Buch, so wie auch dieses Mal. Eine Antwort auf die Frage, ob sich mein Schüler auch so verhalten hätte wie der Martin im Buch, weiß ich bis heute nicht. Aber ich hoffe, dass alle, die in eine solche Situation geraten, den Mut haben, sich jemandem anzuvertrauen, denn nur so kann man einer Erpressung ein Ende machen.

Weitere Informationen über die Autorin und ihre Bücher findet ihr im Internet: www.carolinphilipps.de

Verfasse einen Brief an die Autorin, in dem du ihr von deinen Leseerfahrungen berichtest und erzählst, was dir an dem Buch gut und was dir weniger gut gefallen hat.

Sammelt eure Briefe und schickt sie an: Hase und Igel Verlag, z. Hd. Carolin Philipps, Postfach 1254, 85740 Garching.
So kommen die Briefe wirklich bei der Autorin an.

STAR WARS – Wer setzt sich durch?

Ein Würfelspiel für 3 bis 6 Spieler

Ihr benötigt: einen Würfel, eine Spielfigur pro Mitspieler, Fragekarten, Spielplan

Natürlich geht es darum, durch Würfeln möglichst schnell die oberste Sprosse der Karriereleiter zu erreichen. Ellbogen sind dabei gefragt, ihr könnt eure Spielfiguren also gegenseitig rauswerfen! Außerdem gibt es noch weitere Hindernisse auf dem Weg zum Superstar: Fragen und Aufgaben zu fünf verschiedenen Themenfeldern.

ICH-Feld:
Hier geht es darum, dich selbst bezüglich der auf der Karte genannten Eigenschaft auf einer Skala von 1 bis 5 einzuschätzen. Entscheidend ist jedoch, ob dich dein Sitznachbar genauso einschätzt. Liegt ihr gleich, so darfst du zwei Felder vorrücken. Bei Abweichung um einen Punkt bleibst du auf dem Feld stehen. Bei größerer Abweichung musst du ein Feld zurück.

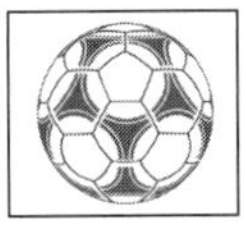

Fußball-Feld:
Bist du ein Fußballexperte? Lass dir die Frage auf der Karte von einem Mitspieler vorlesen. Kannst du sie richtig beantworten, darfst du zwei Felder vorrücken. Liegst du falsch, so musst du ein Feld zurück.

Freundschafts-Feld:
Wie gut kennst du deine Freunde bzw. Mitschüler? Wähle vorab einen Mitspieler aus – es darf nicht zweimal nacheinander derselbe sein. Eine Freundschaftskarte wird vorgelesen. Du und der ausgewählte Spieler schreibt jeweils einen Antwortbuchstaben auf. Hast du deinen Mitspieler richtig eingeschätzt, so darfst du drei Felder vor. Ansonsten musst du ein Feld zurück.

Deutschwissen-Feld:
Hast du in Deutsch gut aufgepasst oder warst du in Gedanken schon im Trainingslager? Kannst du die Frage richtig beantworten, so darfst du zwei Felder vorrücken. Liegst du falsch, musst du ein Feld zurück.

Ereignisfeld:
Kommst du auf ein Ereignisfeld, ziehst du eine Ereigniskarte und folgst den Anweisungen.

Viel Spaß und Erfolg!

STAR WARS – Wer setzt sich durch?

ICH

!

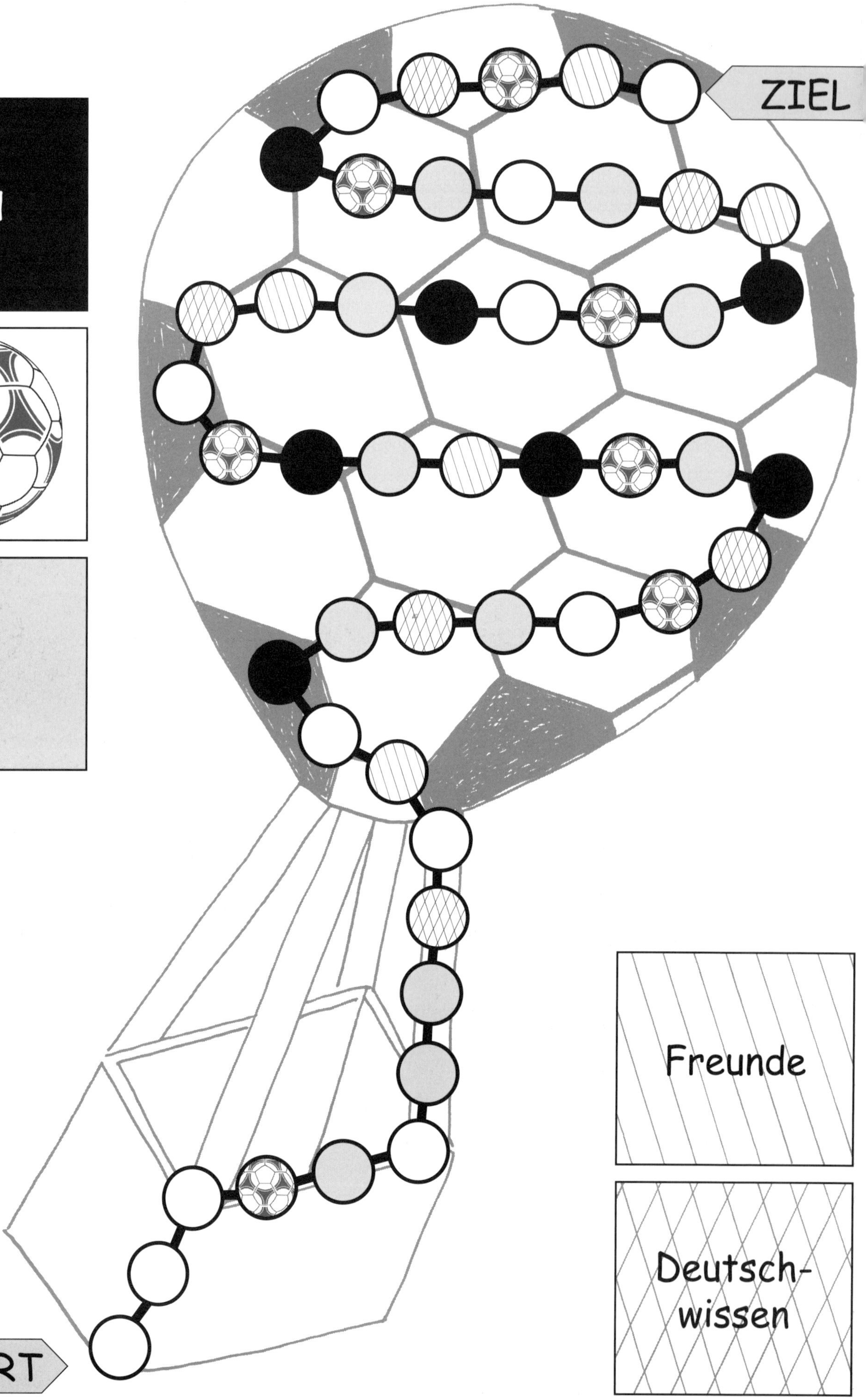

Freunde

Deutsch-
wissen

STAR WARS – Wer setzt sich durch?

FRAGEKARTEN 1

✂

Wann wurde Deutschland Fußball-Weltmeister? *1954, 1974 und 1990*	Welcher berühmte Spieler nahm einmal „die Hand Gottes“ zu Hilfe, um ein wichtiges Tor zu erzielen? *Diego Maradona*	Wie hieß der legendäre Mittelstürmer des Weltmeisters von 1974? *Gerd Müller*	Welcher Spieler heiratete ein Spice-Girl? *David Beckham*
Wie groß ist der Umfang eines Fußballs? a) 20 cm, b) 70 cm, c) 90 cm, d) 100 cm *b) 70 cm*	Welche Brüder waren erst als Spieler und dann als Manager in der Bundesliga aktiv? *Dieter und Uli Hoeneß*	Welcher erfolgreiche Spieler führte Deutschland als Trainer zum dritten WM-Sieg? *Beckenbauer (1990)*	Welches Land gewann die Weltmeisterschaft der Frauen im Jahre 2007? *Deutschland*
Wie weit müssen die Gegenspieler bei einem Freistoß vom Ball entfernt sein? *9,15 m*	**EHRGEIZ** Wie ehrgeizig bist du? Schätze dich auf einer Skala von 1 bis 5 ein und vergleiche die Einschätzung mit der deines rechten Sitznachbarn.	**SPORTLICHKEIT** Wie sportlich bist du? Schätze dich auf einer Skala von 1 bis 5 ein und vergleiche die Einschätzung mit der deines rechten Sitznachbarn.	**SPONTANEITÄT** Wie spontan bist du? Schätze dich auf einer Skala von 1 bis 5 ein und vergleiche die Einschätzung mit der deines rechten Sitznachbarn.
DISZIPLIN Wie diszipliniert bist du? Schätze dich auf einer Skala von 1 bis 5 ein und vergleiche die Einschätzung mit der deines rechten Sitznachbarn.	**GUT ZUHÖREN** Wie gut kannst du zuhören? Schätze dich auf einer Skala von 1 bis 5 ein und vergleiche die Einschätzung mit der deines rechten Sitznachbarn.	**ORDNUNGSSINN** Wie ordentlich bist du? Schätze dich auf einer Skala von 1 bis 5 ein und vergleiche die Einschätzung mit der deines linken Sitznachbarn.	**ZUVERLÄSSIGKEIT** Wie zuverlässig bist du? Schätze dich auf einer Skala von 1 bis 5 ein und vergleiche die Einschätzung mit der deines linken Sitznachbarn.
MUT Wie mutig bist du? Schätze dich auf einer Skala von 1 bis 5 ein und vergleiche die Einschätzung mit der deines linken Sitznachbarn.	**STREITSUCHT** Wie streitsüchtig bist du? Schätze dich auf einer Skala von 1 bis 5 ein und vergleiche die Einschätzung mit der deines rechten Sitznachbarn.	Martin unter Druck – bestimme die Wortart von „unter“! *Präposition*	Buchstabiere die Genitivform von „Mandy“. *Mandys (kein Apostroph!)*
Wie nennt man den Abschnitt eines Gedichts, der aus mehreren Versen besteht? *Strophe*	Martin wird in der Allianz Arena spielen. Bestimme das Satzglied „in der Allianz Arena“. *Adverbiale Ergänzung des Ortes (Lokaladverbiale)*	Nenne ein Beispiel für einen Diphthong. *au, eu, ei, äu (nicht: ie, ü, ä, ö …)*	Weil Martin Fußballprofi werden will, lässt er sich von Mandy erpressen. Bestimme die Wortart von „weil“. *Konjunktion*

STAR WARS – Wer setzt sich durch?

FRAGEKARTEN 2

✂

Bestimme das Tempus in folgendem Satz: „Martin wird von Mandy erpresst.“

Präsens (nicht Futur!)

Bilde mit dem Verb „erpressen“ folgende Form:
2. Person Plural Plusquamperfekt

ihr hattet erpresst

Buchstabiere das Wort „aggressiv“.

Welche der folgenden Sendungen sieht dein Mitspieler am liebsten?

a) Sportsendungen
b) Tierfilme
c) Talkshows
d) Soaps

Welche Figur in der Lektüre mag dein Mitspieler am wenigsten?

Welches Gericht mag dein Mitspieler am liebsten?

a) Pizza
b) Schnitzel
c) Pommes
d) Germknödel

Welche Sportart würde dein Mitspieler am liebsten einmal ausprobieren?

a) Drachenfliegen
b) Freeclimbing
c) Biathlon
d) Skispringen

Was würde dein Mitspieler auf eine einsame Insel am ehesten mitnehmen?

a) Bücher
b) Erinnerungsfotos
c) Lieblings-CD und Solar-Discman
d) Süßigkeiten

Welches Tier wäre dein Mitspieler am liebsten?

a) Delfin
b) Pferd
c) Raubkatze
d) Grizzlybär

Wohin würde dein Mitspieler am liebsten reisen?

a) Italien
b) Hawaii
c) Norwegen
d) Malediven

In welcher Zeit würde dein Mitspieler am liebsten leben?

a) im alten Rom
b) im alten Ägypten
c) in der Ritterzeit
d) bei den Indianern

Welchen Filmstar würde dein Mitspieler am liebsten treffen?

a) Johnny Depp
b) Julia Roberts
c) Hugh Grant
d) Cameron Diaz

Dein härtester Konkurrent Karim ist super in Form.

Gehe drei Felder zurück!

Du hast zu viele Nudeln gegessen und kannst am Nachmittag nicht mehr richtig trainieren.

Gehe ein Feld zurück!

Ein Artikel über eine Affäre mit einer/m Klassenkameradin/en erscheint in der Bildzeitung und du wirst schlagartig berühmt.

Rücke vier Felder vor!

Die Sportartikelfirma, für die du wirbst, hat Pleite gemacht.

Gehe drei Felder zurück!

Du hast gestern das Training geschwänzt und warst stattdessen beim Volksfest.

Gehe zwei Felder zurück!

Die „Meiermilch GmbH“ schließt einen Sponsoring-Vertrag mit dir ab.

Rücke vier Felder vor!

Beim Training hast du dir einen Muskelfaserriss zugezogen und musst zwei Wochen pausieren.

Leider fünf Felder zurück!

Ein Talentsucher vom FC Bayern sitzt im Publikum und scheint sich für dich zu interessieren.

Würfle und rücke um die gerade Augenzahl vor, um die ungerade zurück!

Du hast dich darauf eingelassen, ein Dopingmittel zu nehmen. Bei einer Kontrolle fliegt dein Betrug auf. Ein Jahr Sperre!

Zurück an den Start!

Du hast wegen grober Unsportlichkeit eine rote Karte bekommen und darfst am nächsten Spieltag nicht antreten.

Eine Runde aussetzen!

Du triffst deinen Lieblingsstar und bist dadurch so motiviert, dass du einen gewaltigen Leistungssprung machst.

Vier Felder vor!